やりきれるから自信がつく！

✓ 1日1枚の勉強で，学習習慣が定着！

◎ 目標時間にあわせ，無理のない量の問題数で構成されているので，
「1日1枚」やりきることができます。

◎ 解説が丁寧なので，まだ学校で習っていない内容でも勉強を進めることができます。

✓ すべての学習の土台となる「基礎力」が身につく！

◎ スモールステップで構成され，1冊の中でも繰り返し練習していくので，
確実に「基礎力」を身につけることができます。「基礎」が身につくことで，
発展的な内容に進むことができるのです。

◎ 教科書に沿っているので，授業の進度に合わせて使うこともできます。

✓ 勉強管理アプリの活用で，楽しく勉強できる！

◎ 設定した勉強時間にアラームが鳴るので，学習習慣がしっかりと身につきます。

◎ 時間や点数などを登録していくと，成績がグラフ化されたり，
賞状をもらえたりするので，達成感を得られます。

◎ 勉強をがんばると，キャラクターとコミュニケーションを
取ることができるので，日々のモチベーションが上がります。

JN041997

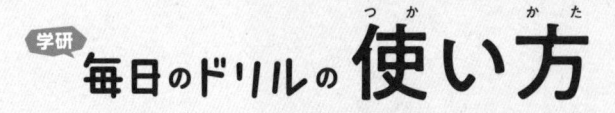
毎日のドリルの 使い方（つかいかた）

1 1日（にち）1枚（まい），集中（しゅうちゅう）して解（と）きましょう。

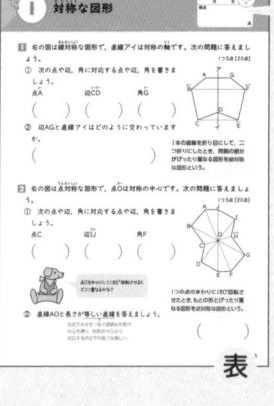 表

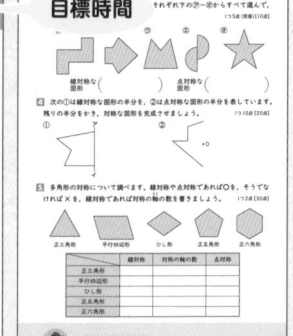 裏

◎ 1冊（さつ）で，主要教科（しゅようきょうか）の勉強（べんきょう）ができます。
算数（さんすう），国語（こくご），英語（えいご），社会（しゃかい），理科（りか）の順（じゅん）に並（なら）んでいます。もくじから，勉強（べんきょう）したい教科（きょうか）・内容（ないよう）を選（えら）んで進（すす）めましょう。

◎ 1回分（かいぶん）は，1枚（まい）（表（おもて）と裏（うら））です。
1枚（まい）ずつはがして使（つか）うこともできます。

◎ 目標時間（もくひょうじかん）を意識（いしき）して解（と）きましょう。
アプリのストップウォッチなどで，かかった時間（じかん）を計（はか）るとよいです。

2 答（こた）え合（あ）わせをしましょう。

・本（ほん）の最後（さいご）に，「答（こた）えとアドバイス」があります。

・答（こた）え合（あ）わせをして，点数（てんすう）をつけましょう。

> できなかった問題（もんだい）を解（と）き直（なお）すと，より力（ちから）がつくよ！

3 アプリに得点（とくてん）を登録（とうろく）しましょう。

・アプリに得点（とくてん）を登録（とうろく）すると，成績（せいせき）がグラフ化（か）されます。
・勉強（べんきょう）すると，キャラクターが育（そだ）ちます。

♪ 英語（えいご）の音声再生（おんせいさいせい）アプリについて

英語（えいご）では，♪マークのついた音声（おんせい）を聞（き）いて答（こた）える問題（もんだい）があります。音声（おんせい）は，専用（せんよう）アプリで再生（さいせい）することができます。

【アプリのご利用方法（りようほうほう）】
スマートフォン，またはタブレットPCから下記（かき）のURLにアクセスしてください。
https://gakken-ep.jp/extra/myotomo/

※お客様（きゃくさま）のインターネット環境（かんきょう）および携帯端末（けいたいたんまつ）によりアプリをご利用（りよう）できない場合（ばあい）や，音声（おんせい）をダウンロード・再生（さいせい）できない場合（ばあい），当社（とうしゃ）は責任（せきにん）を負（お）いかねます。ご理解（りかい），ご了承（りょうしょう）いただきますよう，お願（ねが）いいたします。　※アプリは無料（むりょう）ですが，通信料（つうしんりょう）はお客様（きゃくさま）のご負担（ふたん）になります。　※「毎日（まいにち）のドリル」勉強管理（べんきょうかんり）アプリとは異（こと）なるものになります。

♪毎日のドリル♪ 勉強管理アプリ

「毎日のドリル」シリーズ専用、スマートフォン・タブレットで使える無料アプリです。1つのアプリで、シリーズすべてを管理でき、学習習慣が楽しく身につきます。

1 「毎日のドリル」の学習を徹底サポート！

- 毎日の勉強タイムをお知らせする[タイマー]
- かかった時間を計る[ストップウォッチ]
- 勉強した日を記録する[カレンダー]
- 入力した得点を[グラフ化]

目標時間を意識しよう！

2 キャラクターと楽しく学べる！

好きなキャラクターを選ぶことができ、「ひみつ」や「ワザ」が増えます。勉強をがんばるとキャラクターが育ち、

3 1冊終わると、ごほうびがもらえる！

ドリルが1冊終わるごとに、賞状やメダル、称号がもらえます。

これは やる気が でるっちゅ！

4 漢字と英単語のゲームにチャレンジ！

ゲームで、どこでも手軽に、楽しく勉強できます。漢字は学年別、英単語はレベル別に構成されており、ドリルで勉強した内容の確認にもなります。

自己ベスト更新を目指そう！

アプリの無料ダウンロードはこちらから！
https://gakken-ep.jp/extra/maidori/

【推奨環境】
■ 各種Android端末：対応OS Android6.0以上
■ 各種iOS(iPadOS)端末：対応OS iOS10以上
※対応OSであってもIntel CPU (x86 Atom)搭載の端末では正しく動作しない場合があります。 ※対応OS や対応機種については、各ストアでご確認ください。
※お客様のネット環境および携帯端末によりアプリをご利用できない場合、当社は責任を負いかねます。ご理解、ご了承くださいますよう、お願いいたします。
また、事前の予告なくサービスの提供を中止する場合があります。

1 右の図は線対称な図形で，直線アイは対称の軸です。次の問題に答えましょう。

1つ5点【20点】

① 次の点や辺，角に対応する点や辺，角を書きましょう。

点A　　　　　辺CD　　　　　角G

（　　　　）（　　　　）（　　　　）

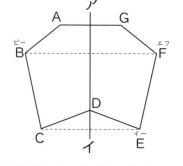

② 辺AGと直線アイはどのように交わっていますか。

（　　　　　　　　　　　　　）

1本の直線を折り目にして，二つ折りにしたとき，両側の部分がぴったり重なる図形を**線対称な図形**という。

2 右の図は点対称な図形で，点Oは対称の中心です。次の問題に答えましょう。

1つ5点【20点】

① 次の点や辺，角に対応する点や辺，角を書きましょう。

点C　　　　　辺IJ　　　　　角F

（　　　　）（　　　　）（　　　　）

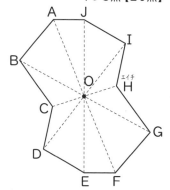

点Oを中心にして180°回転させるとどこに重なるかな？

② 直線AOと長さが等しい直線を答えましょう。

対応する点をつなぐ直線は対称の中心を通り，対称の中心から対応する点までの長さは等しい。

1つの点のまわりに180°回転させたとき,もとの形とぴったり重なる図形を**点対称な図形**という。

（　　　　　　　　　）

3 線対称な図形と点対称な図形を，それぞれ下の㋐～㋔からすべて選んで，記号で答えましょう。

1つ5点（完答）【10点】

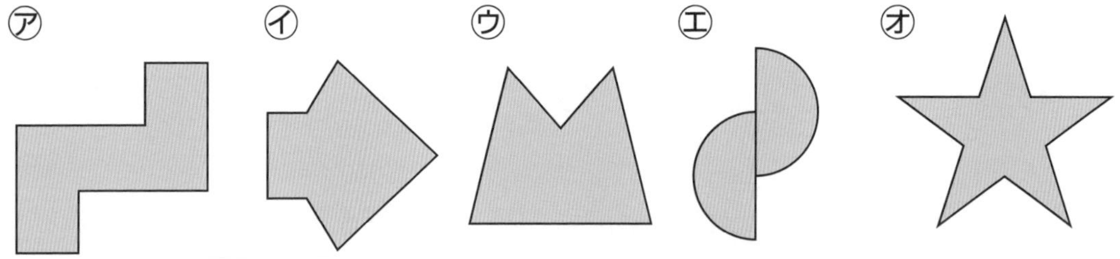
㋐
㋑
㋒
㋓
㋔

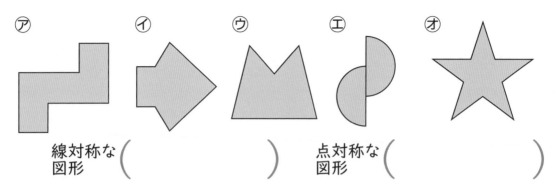

線対称な図形（　　　　　）　点対称な図形（　　　　　）

4 次の①は線対称な図形の半分を，②は点対称な図形の半分を表しています。残りの半分をかき，対称な図形を完成させましょう。

1つ10点【20点】

①

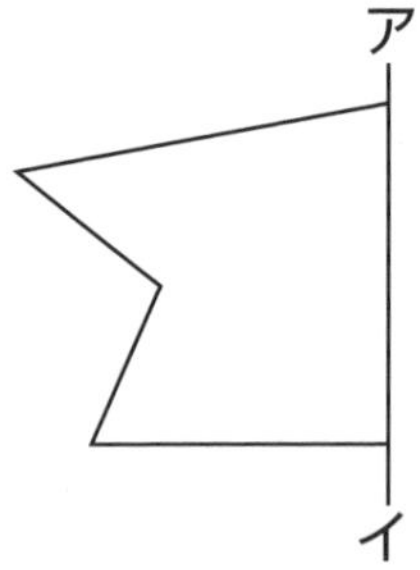
ア
イ

②

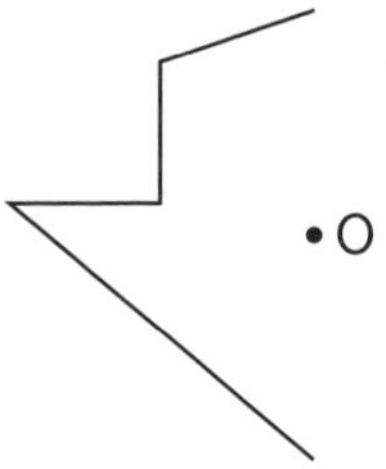
O

5 多角形の対称について調べます。線対称や点対称であれば○を，そうでなければ×を，線対称であれば対称の軸の数を書きましょう。

1つ2点【30点】

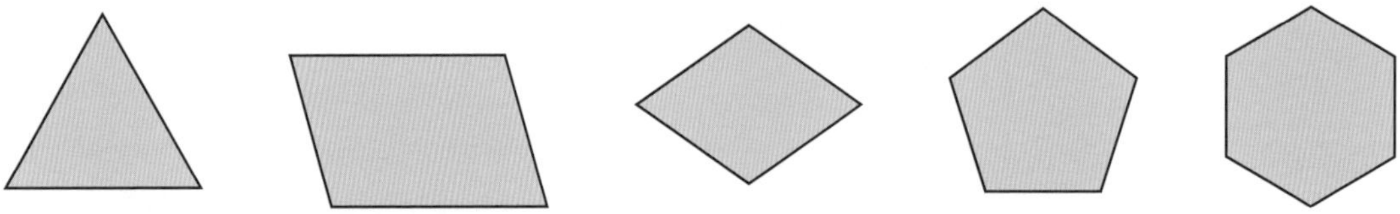

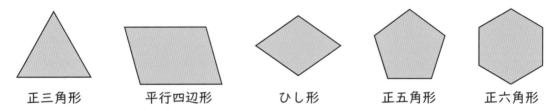

正三角形　平行四辺形　ひし形　正五角形　正六角形

	線対称	対称の軸の数	点対称
正三角形			
平行四辺形			
ひし形			
正五角形			
正六角形			

小学6年の算数が始まったね！

答え ▶ 117ページ

2 文字と式

1 次の数量を文字を使った式に表します。□にあてはまる数や文字を書きましょう。

1つ5点【10点】

① 1枚80円のシール x 枚の代金

(代金) ＝ (1枚の値段) × (枚数)

1枚の値段　枚数

$$\boxed{80} \times \boxed{x} \text{（円）}$$

② x 円のノートを1冊買って，100円出したときのおつり

$$\boxed{} - \boxed{} \text{（円）}$$

2 次の x と y の関係を「～＝y」となるように式に表します。□にあてはまる数や文字を書きましょう。

1つ5点【10点】

① 縦 x cm，横5cmの長方形の面積は y cm² です。

(縦) × (横) ＝ (長方形の面積)

$$\boxed{} \times \boxed{} = \boxed{}$$

② 水そうに x Lの水が入っています。そこへ水を10L入れると，水そうの水は y Lになります。

$$\boxed{} + \boxed{} = \boxed{}$$

3 x kgのさとうを6つのふくろに等分するときの1ふくろのさとうの重さを y kgとします。□にあてはまる数や文字を書きましょう。 ①5点，②5点 (完答)【10点】

① x と y の関係を「～＝y」となるように，式に表しましょう。

(さとうの重さ) ÷ (ふくろの数) ＝ (1ふくろのさとうの重さ)

$$\boxed{} \div \boxed{} = \boxed{}$$

② x の値が30のとき，対応する y の値を求めましょう。

$$\boxed{} \div \boxed{} = \boxed{}$$

①の式の x に
30をあてはめよう。

$$\left(\right)$$

4 底辺が x cm，高さが7cmの平行四辺形の面積を y cm² とします。

1つ10点【30点】

① x と y の関係を「〜 ＝ y」となるように，式に表しましょう。

(　　　　　　　　　　)

② x の値が12のとき，対応する y の値を求めましょう。

(　　　　　　　　　　)

③ y の値が175のとき，対応する x の値を求めましょう。

(　　　　　　　　　　)

5 1個 x 円のケーキを6個買って，100円の箱に入れてもらうと，代金の合計は y 円になります。

1つ10点【20点】

① x と y の関係を「〜 ＝ y」となるように，式に表しましょう。

(　　　　　　　　　　)

② ケーキ1個の値段が340円のときの代金の合計は何円になりますか。

(　　　　　　　　　　)

6 次の式が表している場面を，それぞれ下の㋐〜㋒から選んで，記号で答えましょう。

1つ10点【20点】

① $x-50=y$ (　　　　)　　② $x×50=y$ (　　　　)

㋐ 色紙を1人に x 枚ずつ50人に配ると，色紙は y 枚いります。

㋑ x 枚の色紙を50人に同じ数ずつ分けると，1人分の色紙は y 枚です。

㋒ x 枚あった色紙のうち50枚使うと，残りの色紙は y 枚になります。

文字を使った式に慣れたかな？

答え ▶ 117ページ

3 分数のかけ算①

月　日　得点　点　10分

1 □にあてはまる数を書きましょう。　1つ4点【48点】

① $\frac{3}{7}\times 2=\frac{3\times \boxed{2}}{7}=\frac{\boxed{6}}{7}$

分母はそのままで，分子に整数をかける。

② $\frac{3}{16}\times 4=\frac{3\times \overset{\square}{\cancel{4}}}{\underset{4}{\cancel{16}}}=\frac{\square}{4}$

計算のとちゅうで約分できるときは，約分してから計算する。

③ $\frac{1}{5}\times\frac{4}{7}=\frac{1\times\boxed{4}}{5\times 7}=\frac{\boxed{4}}{35}$

分母どうし，分子どうしをかける。

④ $\frac{3}{4}\times\frac{5}{6}=\frac{\overset{\square}{\cancel{3}}\times 5}{4\times \underset{2}{\cancel{6}}}=\frac{\square}{8}$

約分する。

⑤ $3\times\frac{2}{9}=\frac{\overset{\square}{\cancel{3}}\times 2}{1\times\underset{3}{\cancel{9}}}=\frac{\square}{3}$

整数を分母が1の分数と考える。

⑥ $4\times\frac{3}{20}=\frac{\overset{1}{\cancel{4}}\times 3}{\underset{\square}{\cancel{20}}}=\frac{3}{\square}$

整数を分子にかけてもよい。

⑦ $\frac{9}{10}\times\frac{5}{6}=\frac{\overset{\square}{\cancel{9}}\times\overset{1}{\cancel{5}}}{\underset{2}{\cancel{10}}\times\underset{2}{\cancel{6}}}=\frac{\square}{4}$

約分が2回できる。

⑧ $\frac{7}{12}\times\frac{8}{21}=\frac{\overset{1}{\cancel{7}}\times\overset{2}{\cancel{8}}}{\underset{\square}{\cancel{12}}\times\underset{3}{\cancel{21}}}=\frac{2}{\square}$

⑨ $\frac{3}{7}\times1\frac{1}{5}=\frac{3\times6}{7\times5}=\frac{18}{\square}$

⑩ $2\frac{2}{3}\times\frac{9}{10}=\frac{\overset{4}{\cancel{8}}\times\overset{\square}{\cancel{9}}}{\underset{1}{\cancel{3}}\times\underset{5}{\cancel{10}}}=\frac{\square}{5}$

帯分数は仮分数になおして計算しよう。

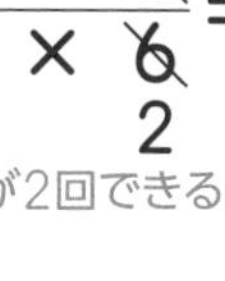

答えが仮分数になったら，帯分数になおしてもよい。→ $=\square\frac{\square}{5}$

⑪ $2\frac{1}{12}\times1\frac{3}{5}=\frac{\overset{5}{\cancel{25}}\times\overset{\square}{\cancel{8}}}{\underset{3}{\cancel{12}}\times\underset{1}{\cancel{5}}}=\frac{\square}{3}$

⑫ $1\frac{5}{6}\times2\frac{2}{11}=\frac{\overset{1}{\cancel{11}}\times\overset{\square}{\cancel{24}}}{\underset{1}{\cancel{6}}\times\underset{1}{\cancel{11}}}=\square$

[2] 正しい計算はどれですか。記号で答えましょう。 【2点】

㋐ $\frac{2}{9}\times\frac{7}{9}=\frac{2\times7}{9}$　　㋑ $4\times\frac{2}{9}=\frac{2}{4\times9}$

㋒ $\frac{2}{9}\times\frac{7}{9}=\frac{2\times7}{9\times9}$　　㋓ $\frac{2}{9}\times\frac{7}{9}=\frac{2\times9}{9\times7}$　　(　　　　　)

[3] 計算をしましょう。 1つ5点【50点】

① $\frac{2}{5}\times2$

② $\frac{9}{8}\times10$

③ $\frac{3}{5}\times\frac{1}{2}$

④ $5\times\frac{2}{15}$

⑤ $\frac{1}{4}\times\frac{2}{7}$

⑥ $\frac{4}{9}\times\frac{3}{10}$

⑦ $\frac{3}{20}\times\frac{8}{15}$

⑧ $\frac{5}{18}\times\frac{12}{25}$

⑨ $\frac{3}{5}\times1\frac{1}{12}$

⑩ $2\frac{4}{5}\times1\frac{3}{7}$

アプリに得点を登録しよう！

答え ▶ 117ページ

④ 分数のかけ算②

月　日

得点

15分

点

---

1 □にあてはまる数を書きましょう。　　　　1つ5点【10点】

① $\dfrac{3}{5} \times \dfrac{1}{2} \times \dfrac{3}{7} = \dfrac{3 \times 1 \times \boxed{3}}{5 \times 2 \times 7} = \dfrac{\boxed{9}}{70}$　　　←分数が3つのときも，分母どうし，分子どうしをかける。

② $\dfrac{3}{4} \times \dfrac{5}{6} \times \dfrac{7}{10} = \dfrac{3 \times 5 \times 7}{4 \times 6 \times 10} = \dfrac{7}{\Box}$　　　←約分してから計算する。

---

2 くふうして計算します。□にあてはまる数を書きましょう。　　　1つ5点【15点】

① $\left(\dfrac{2}{7} \times \dfrac{5}{6}\right) \times \dfrac{6}{5} = \dfrac{2}{7} \times \left(\dfrac{5}{6} \times \dfrac{6}{5}\right) = \dfrac{2}{7} \times \left(\dfrac{5}{6} \times \dfrac{6}{5}\right)$　　←約分する。

計算のきまり
$(a \times b) \times c = a \times (b \times c)$
を使う。

$= \dfrac{2}{7} \times \boxed{1}$

$= \dfrac{\boxed{2}}{7}$

② $\left(\dfrac{5}{6} + \dfrac{4}{9}\right) \times 18 = \dfrac{5}{6} \times 18 + \dfrac{4}{9} \times 18 = \dfrac{5 \times \cancel{18}^{3}}{\cancel{6}_{1}} + \dfrac{4 \times \cancel{18}^{\Box}}{\cancel{9}_{1}}$

計算のきまり
$(a + b) \times c = a \times c + b \times c$
を使う。

$= 15 + \Box$

$= \Box$

③ $\dfrac{3}{8} \times 7 + \dfrac{3}{8} \times 9 = \dfrac{3}{8} \times (7 + 9) = \dfrac{3 \times \cancel{16}^{\Box}}{\cancel{8}_{1}} = \Box$

計算のきまり
$a \times b + a \times c = a \times (b + c)$
を使う。

[3] 計算をしましょう。

1つ5点【40点】

① $\frac{1}{4}\times\frac{1}{5}\times\frac{1}{3}$

② $\frac{5}{7}\times\frac{1}{2}\times\frac{3}{4}$

③ $\frac{1}{7}\times\frac{3}{4}\times\frac{2}{5}$

④ $\frac{5}{8}\times\frac{6}{7}\times\frac{9}{10}$

⑤ $\frac{5}{6}\times\frac{4}{9}\times\frac{3}{10}$

⑥ $\frac{7}{12}\times\frac{4}{5}\times\frac{10}{21}$

⑦ $\frac{4}{15}\times1\frac{1}{9}\times\frac{3}{8}$

⑧ $1\frac{7}{8}\times2\frac{1}{3}\times\frac{2}{7}$

[4] くふうして計算しましょう。

1つ7点【35点】

① $\frac{6}{7}\times\left(\frac{7}{6}\times\frac{4}{5}\right)$

② $24\times\left(\frac{5}{6}+\frac{3}{8}\right)$

③ $\left(\frac{7}{9}-\frac{2}{3}\right)\times18$

④ $\frac{4}{5}\times6+\frac{4}{5}\times9$

⑤ $\frac{2}{3}\times1\frac{5}{7}-\frac{2}{3}\times\frac{5}{7}$

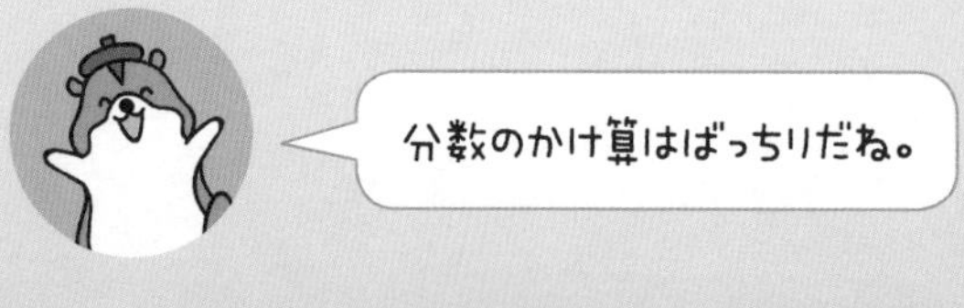
分数のかけ算はばっちりだね。

答え ▶ 118ページ

5 分数のわり算

月　日　得点　点　10分

1 □にあてはまる数を書きましょう。

1つ5点【40点】

① $\frac{1}{3}\div 2=\frac{1}{3\times\boxed{2}}=\frac{1}{\boxed{6}}$

分子はそのままで，分母に整数をかける。

② $\frac{3}{4}\div 6=\frac{\overset{1}{\cancel{3}}}{4\times\underset{\boxed{2}}{\cancel{6}}}=\frac{1}{\square}$

計算のとちゅうで約分できるときは約分してから計算する。

③ $\frac{2}{7}\div\frac{3}{5}=\frac{2\times\boxed{5}}{7\times 3}=\frac{\boxed{10}}{21}$

わる数の逆数（ぎゃくすう）（分母と分子を入れかえた数）をかける。

④ $\frac{7}{15}\div\frac{4}{5}=\frac{7\times\overset{\square}{\cancel{5}}}{\underset{3}{\cancel{15}}\times 4}=\frac{\square}{12}$

約分する。

⑤ $6\div\frac{9}{11}=\frac{\overset{\square}{\cancel{6}}\times 11}{\underset{3}{\cancel{9}}}=\frac{\square}{3}$

⑥ $\frac{3}{5}\div\frac{9}{10}=\frac{\overset{1}{\cancel{3}}\times\overset{\square}{\cancel{10}}}{\underset{1}{\cancel{5}}\times\underset{3}{\cancel{9}}}=\frac{\square}{3}$

⑦ $\frac{2}{7}\div 1\frac{1}{9}=\frac{2}{7}\div\frac{10}{9}=\frac{\overset{1}{\cancel{2}}\times 9}{7\times\underset{\square}{\cancel{10}}}=\frac{9}{\square}$

帯分数を仮分数にしてからかけ算になおす。

真分数や仮分数の逆数は分子と分母を入れかえた分数になる。
（$\frac{b}{a}$（ビー／エー）の逆数は，$\frac{a}{b}$）
分数でわる計算は，わる数の**逆数**をかける。

⑧ $\frac{2}{5}\div\frac{1}{3}\div\frac{7}{4}=\frac{2\times 3\times 4}{5\times 1\times 7}=\frac{24}{\square}$

分数が3つのときも，かけ算だけの式になおす。

2 計算をしましょう。

1つ5点【60点】

① $\frac{1}{4} \div 3$

② $\frac{16}{9} \div 12$

③ $\frac{2}{5} \div \frac{1}{2}$

④ $\frac{4}{11} \div \frac{6}{5}$

⑤ $12 \div \frac{9}{7}$

⑥ $\frac{7}{20} \div \frac{14}{15}$

⑦ $\frac{10}{27} \div \frac{5}{12}$

⑧ $\frac{8}{25} \div \frac{4}{5}$

⑨ $\frac{3}{4} \div 1\frac{1}{5}$

⑩ $3\frac{1}{8} \div 1\frac{2}{3}$

⑪ $\frac{3}{10} \div \frac{4}{9} \div \frac{9}{16}$

⑫ $\frac{4}{7} \div 1\frac{3}{5} \div \frac{5}{7}$

次は分数と小数や整数の混じった計算にちょう戦しよう。

答え ▶ 118ページ

6 分数のかけ算・わり算

月　日　⏰15分

得点

点

---

1 □にあてはまる数を書きましょう。

1つ5点【30点】

① $\dfrac{5}{6} \times 0.7 = \dfrac{5}{6} \times \dfrac{\boxed{7}}{10} = \dfrac{5 \times \boxed{7}}{6 \times \overset{}{\underset{2}{10}}}$

　　　└─ 小数を分数になおす。

$= \dfrac{\boxed{7}}{12}$

> 小数第1位までの小数は、分母が10の分数になおすよ。
> $0.1 = \dfrac{1}{10}$ → $0.7 = \dfrac{7}{10}$
> となるね。

② $0.09 \times \dfrac{5}{7} = \dfrac{\boxed{}}{100} \times \dfrac{5}{7} = \dfrac{\boxed{} \times 5}{\underset{20}{100} \times 7}$

　　　└─ 小数を分数になおす。

$= \dfrac{\boxed{}}{140}$

> 小数第2位までの小数は、分母が100の分数になおす。
> $0.01 = \dfrac{1}{100}$ → $0.09 = \dfrac{9}{100}$

③ $\dfrac{2}{3} \div 1.4 = \dfrac{2}{3} \div \dfrac{14}{\boxed{}} = \dfrac{2}{3} \times \dfrac{\boxed{}}{14} = \dfrac{\overset{1}{2} \times \boxed{}}{3 \times \underset{7}{14}} = \dfrac{\boxed{}}{21}$

　　　└─ 小数を分数になおす。

④ $\dfrac{4}{7} \div \dfrac{8}{15} \times \dfrac{7}{10} = \dfrac{4}{7} \times \dfrac{15}{8} \times \dfrac{7}{10} = \dfrac{\overset{\boxed{}}{4} \times \overset{\boxed{}}{15} \times \overset{1}{7}}{\underset{1}{7} \times \underset{2}{8} \times \underset{2}{10}} = \dfrac{\boxed{}}{4}$

　　　└─ かけ算だけの式になおす。

⑤ $0.8 \times \dfrac{4}{9} \div \dfrac{2}{3} = \dfrac{8}{10} \times \dfrac{4}{9} \div \dfrac{2}{3} = \dfrac{\overset{4}{8} \times \overset{2}{4} \times \overset{1}{3}}{\underset{\boxed{}}{10} \times \underset{\boxed{}}{9} \times \underset{1}{2}} = \dfrac{8}{\boxed{}}$

⑥ $2.8 \div 3 \div 0.21 = \dfrac{28}{10} \div 3 \div \dfrac{21}{100} = \dfrac{\overset{\boxed{}}{28} \times 1 \times \overset{\boxed{}}{100}}{\underset{1}{10} \times 3 \times \underset{3}{21}} = \dfrac{\boxed{}}{9}$

15

[2] 計算をしましょう。

1つ5点【70点】

① $\frac{2}{9} \times 0.6$

② $0.35 \times \frac{3}{7}$

③ $\frac{3}{5} \div 0.9$

④ $0.42 \div \frac{7}{12}$

⑤ $\frac{5}{6} \div \frac{5}{9} \times \frac{2}{15}$

⑥ $\frac{3}{8} \times \frac{6}{7} \div \frac{9}{16}$

⑦ $1\frac{2}{7} \div \frac{3}{5} \times \frac{7}{12}$

⑧ $\frac{3}{4} \times 2\frac{2}{3} \div \frac{3}{5}$

⑨ $\frac{5}{7} \times 0.7 \div \frac{2}{3}$

⑩ $1.2 \div \frac{4}{9} \times \frac{5}{6}$

⑪ $\frac{4}{5} \times \frac{7}{8} \div 1.4$

⑫ $\frac{3}{7} \div \frac{9}{10} \times 3.5$

⑬ $2 \div \frac{6}{5} \times 1.6$

⑭ $\frac{4}{5} \div 6 \div 2.7$

分数のかけ算・わり算は完ぺきだね！

答え ▶ 118ページ

1 1mの重さが $\frac{4}{9}$ kgの鉄の棒があります。この鉄の棒 $\frac{3}{5}$ mの重さは何kgですか。

式5点，答え5点【10点】

（式）　1mの重さ　長さ(m)　全体の重さ

$$\frac{4}{9} \times \frac{3}{5} = \boxed{}$$

答え _____

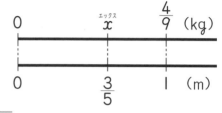

2 米 $\frac{3}{4}$ Lの重さをはかったら，$\frac{5}{8}$ kgでした。この米1Lの重さは何kgですか。

式5点，答え5点【10点】

（式）　全体の重さ　かさ(L)　1Lの重さ

$$\frac{5}{8} \div \frac{3}{4} = \boxed{}$$

答え _____

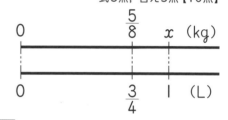

3 A，B，C3本のテープがあります。Aの長さは $\frac{2}{3}$ m，Bの長さは $\frac{5}{9}$ mです。

式5点，答え5点【20点】

① Bの長さはAの長さの何倍ですか。

（式）　$\frac{5}{9} \div \frac{2}{3} = \boxed{}$

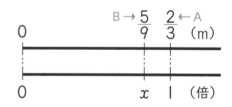

答え _____

② Aの長さはCの長さの $\frac{2}{5}$ にあたります。Cの長さは何mですか。

（式）　Cの長さを x mとすると，

$$x \times \frac{2}{5} = \boxed{}$$

$$x = \boxed{} \div \boxed{} = \boxed{}$$

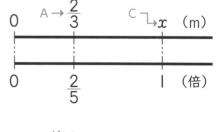

答え _____

17

4 1Lの重さが$\frac{8}{9}$kgの油があります。この油12Lの重さは何kgですか。

式6点，答え6点【12点】

（式）

答え _____

5 縦2$\frac{2}{3}$m，横1$\frac{1}{5}$mの長方形の面積は何㎡ですか。 式6点，答え6点【12点】

（式）

答え _____

6 $\frac{4}{5}$dLのペンキを使って，1$\frac{1}{3}$㎡のかべをぬりました。このペンキ1dLでは，何㎡のかべがぬれますか。 式6点，答え6点【12点】

（式）

答え _____

7 家から駅までの道のりは300mです。家から学校までの道のりは，家から駅までの$\frac{5}{6}$倍です。家から学校までの道のりは何mですか。 式6点，答え6点【12点】

（式）

答え _____

8 庭の広さの$\frac{4}{9}$が花だんで，花だんの広さは8㎡です。庭の広さは何㎡ですか。 式6点，答え6点【12点】

（式）

答え _____

よくがんばったね。えらい！

答え ▶ 118ページ

8 比

1 □にあてはまる数を書いて，比の値を求めましょう。 1つ4点【8点】

① 3：5

$\boxed{3} ÷ \boxed{5} = \boxed{}$

② 30：18　　　　約分する。

$\boxed{} ÷ \boxed{} = \boxed{} = \boxed{}$

$a：b$の比で，aがbの何倍であるかを表す数を**比の値**という。

2 □にあてはまる数を書いて，比を簡単にしましょう。 1つ4点【12点】

① 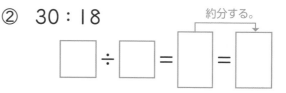 12：16 = 3：$\boxed{}$（÷4，÷4）

② 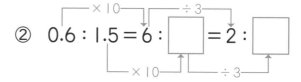 0.6：1.5 = 6：$\boxed{}$ = 2：$\boxed{}$（×10，×10，÷3，÷3）

比を，できるだけ小さい整数の比になおすことを，**比を簡単にする**という。

③ 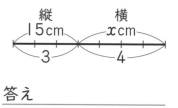 $\dfrac{2}{3}：\dfrac{4}{5} = 10：\boxed{} = 5：\boxed{}$（×15，×15，÷2，÷2）

3 縦と横の長さの比が3：4の長方形をかきます。縦の長さを15cmにすると，横の長さは何cmになりますか。 式5点，答え5点【10点】

（式）　横の長さを$x$cmとすると，

$3：4 = \boxed{15}：\boxed{}$

$x = \boxed{4} × \boxed{} = \boxed{}$

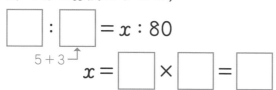

縦　　　　横
15cm　　　$x$cm
3　　　　　4

答え _____

4 80枚の色紙を，姉と妹で枚数の比が5：3になるように分けます。姉の分は何枚になりますか。 式5点，答え5点【10点】

（式）　姉の分をx枚とすると，

$\boxed{}：\boxed{} = x：80$

5＋3 ↗

$x = \boxed{} × \boxed{} = \boxed{}$

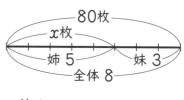

80枚
x枚
姉5　　妹3
全体8

答え _____

5 次の比の値を求めましょう。　　　　　　　　　　　　　　　1つ4点【8点】

① 2 : 3

② 45 : 30

(　　　　　) 　　　　　　　　　　　　　　　 (　　　　　)

6 次の比を簡単にしましょう。　　　　　　　　　　　　　　　1つ4点【12点】

① 32 : 56

② 2.7 : 0.3

③ $\dfrac{4}{9} : \dfrac{2}{3}$

(　　　　) 　　　　 (　　　　) 　　　　 (　　　　)

7 次の式で，x の表す数を求めましょう。　　　　　　　　　　　1つ5点【20点】

① 7 : 13 = 21 : x

② 20 : 32 = x : 8

(　　　　) 　　　　　　　　　　　　 (　　　　)

③ 1.8 : 1.5 = 6 : x

④ 4.5 : 3 = x : 2

(　　　　) 　　　　　　　　　　　　 (　　　　)

8 青いテープと白いテープの長さの比は4 : 5で，白いテープの長さは45cmです。青いテープの長さは何cmですか。　　　　　式5点，答え5点【10点】

（式）

答え _____

9 コーヒーと牛乳を2 : 7の割合で混ぜて，コーヒー牛乳を180mLつくります。牛乳は何mLいりますか。　　　　　　　　　　式5点，答え5点【10点】

（式）

答え _____

比が，よくわかったね！

答え ▶ 119ページ

拡大図と縮図

月　日

得点

点

1 □にあてはまる言葉を書きましょう。　　　　　　　1つ6点【12点】

　対応する角の大きさがそれぞれ等しく，対応する辺の長さの比が等しくなるようにもとの図を大きくした図を [　　　　　] といいます。また，小さくした図を [　　　　　] といいます。

2 右の図の三角形DEF（ディーイーエフ）は三角形ABC（エービーシー）の拡大図（かくだい ず）です。次の問題に答えましょう。　1つ6点【18点】

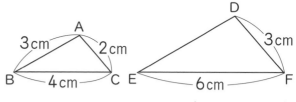

① 何倍の拡大図ですか。
　↑長さが両方ともわかっている対応する辺の長さから求める。

（　　　　　）

② 辺DEの長さは何cmですか。
　↑対応する辺を何倍かして求める。

（　　　　　）

③ 角Bと大きさの等しい角はどれですか。
　↑対応する角の大きさは等しい。

（　　　　　）

3 右の図のように，川はばABの長さを求めるために，BCの長さと角Cの大きさをはかり，三角形ABCの縮図（しゅくず）の三角形DEFをかきました。次の問題に答えましょう。　1つ8点【16点】

① 縮尺（しゅくしゃく）は何分の1ですか。
　↑12mを3cmに縮めていることから求める。

（　　　　　）

② DEの長さをはかり，実際の川はばを求めましょう。

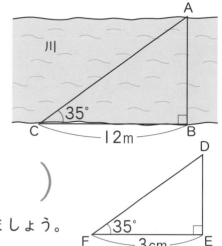

（　　　　　）

4 右の図の四角形EBFGは四角形ABCDの縮図です。次の問題に答えましょう。　1つ6点【18点】

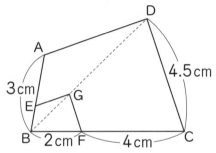

① 何分の1の縮図ですか。

（　　　　　）

② FGの長さは何cmですか。

（　　　　　）

③ AEの長さは何cmですか。EBの長さを求めてから計算しましょう。

（　　　　　）

5 ①は2倍の拡大図を，②は$\frac{1}{3}$の縮図を，それぞれ頂点Bを中心にしてかきましょう。　1つ8点【16点】

①

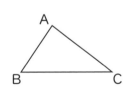

②

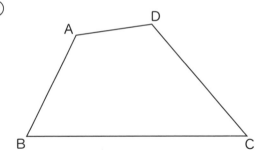

6 右の図で，木の高さは何mですか。三角形ABCの$\frac{1}{500}$の縮図をかいて求めましょう。　1つ10点【20点】

〈縮図〉

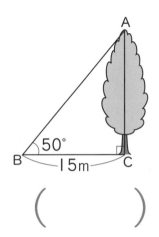

（　　　　　）

拡大図と縮図はばっちりだね。

答え ▶ 119ページ

10 円の面積

1 次の円の面積を，□にあてはまる数を書いて求めましょう。 式4点，答え4点【16点】

① 半径2cmの円

（式） $\boxed{2} \times \boxed{2} \times \boxed{3.14} = \boxed{}$

└ 円周率は，3.14として計算する。

円の面積＝半径×半径×円周率

（　　　　　　　）

② 直径16cmの円

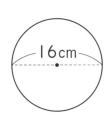

（式） $16 \div 2 = \boxed{}$ ← 半径の長さを求めてから計算する。

$\boxed{} \times \boxed{} \times \boxed{} = \boxed{}$
　　　　　　　円周率

（　　　　　　　）

2 次の図形の面積を，□にあてはまる数を書いて求めましょう。

式5点，答え5点【10点】

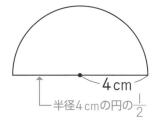

4cm
└ 半径4cmの円の $\frac{1}{2}$

（式） $\boxed{} \times \boxed{} \times \boxed{} \div \boxed{}$
　　　　　　　　　　円周率
$= \boxed{}$

（　　　　　　　）

3 次の図の色がついた部分の面積を，□にあてはまる数を書いて求めましょう。

式5点，答え5点【10点】

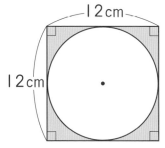

12cm
12cm

（式） $\boxed{} \times \boxed{} - \boxed{} \times \boxed{} \times \boxed{}$
　　　正方形の面積　　　　　直径12cmの円の面積
$= \boxed{} - \boxed{} = \boxed{}$

（　　　　　　　）

[4] 半径5cmの円㋐と，半径10cmの円㋑があります。次の問題に答えましょう。

式5点，答え5点【30点】

① 円㋐と円㋑の面積を求めましょう。

円㋐

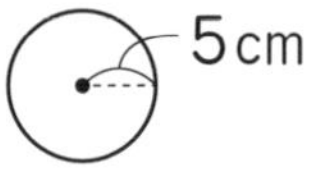

円㋐ （式）

（　　　　）

円㋑

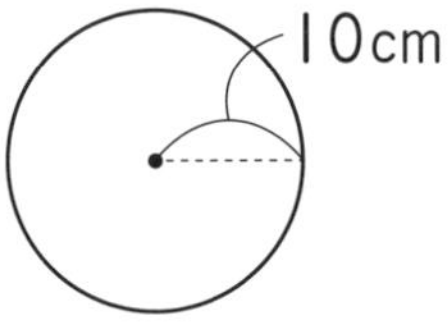

円㋑ （式）

（　　　　）

② 円㋑の半径は円㋐の半径の2倍です。円㋑の面積は円㋐の面積の何倍ですか。

（式）

（　　　　）

[5] 次の図形の面積を求めましょう。

式5点，答え5点【10点】

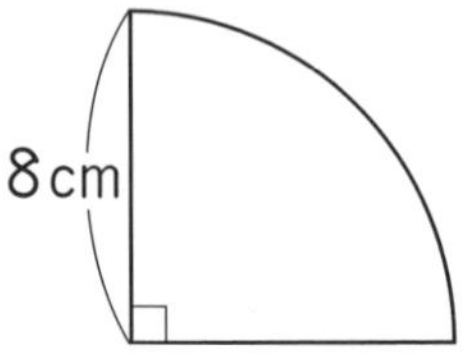

（式）

（　　　　）

[6] 次の図の色がついた部分の面積を求めましょう。

式6点，答え6点【24点】

①

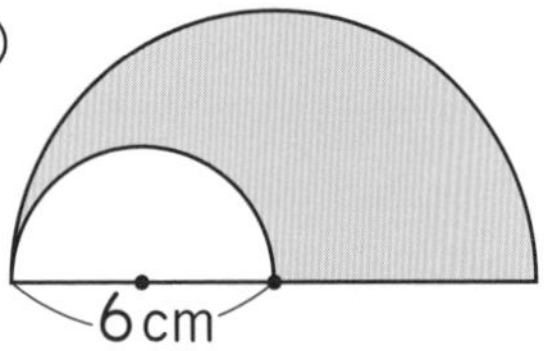

（式）

（　　　　）

②

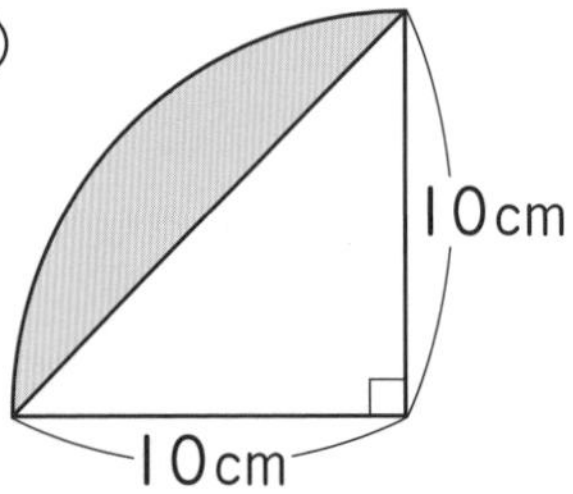

（式）

（　　　　）

ここまでよくがんばっているね。すごいよ！

答え ▶ 119ページ

1 次の三角柱の体積を求めましょう。　　　　式5点，答え5点【10点】

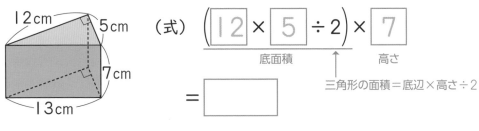

（式）$(12 × 5 ÷ 2) × 7$

底面積　　　　　　　高さ

三角形の面積＝底辺×高さ÷2

$=$

角柱の体積 ＝ 底面積 × 高さ

（　　　　　　　　）

2 次の円柱の体積を求めましょう。　　　　式5点，答え5点【10点】

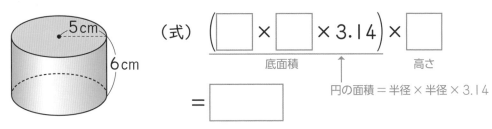

（式）$(\quad × \quad × 3.14) × \quad$

底面積　　　　　　　高さ

円の面積＝半径×半径×3.14

$=$

円柱の体積＝底面積×高さ

（　　　　　　　　）

3 下の図のような立体で，色をつけた面を底面とみて，体積を求めましょう。　　　　式5点，答え5点【10点】

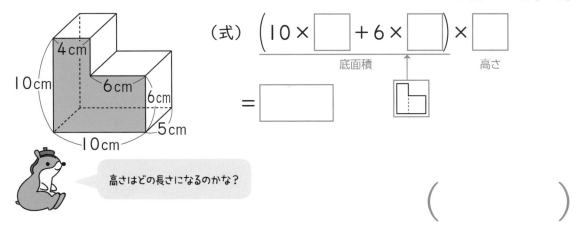

（式）$(10 × \quad + 6 × \quad) × \quad$

底面積　　　　　　　高さ

$=$

高さはどの長さになるのかな？

（　　　　　　　　）

25

4 次の立体の体積を求めましょう。

式7点，答え7点【70点】

①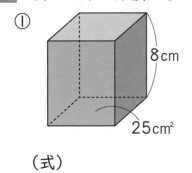

8cm

25cm²

（式）

（　　　　　）

②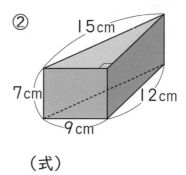

15cm

7cm

12cm

9cm

（式）

（　　　　　）

③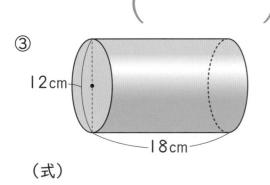

12cm

18cm

（式）

（　　　　　）

④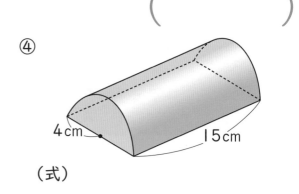

4cm

15cm

（式）

（　　　　　）

⑤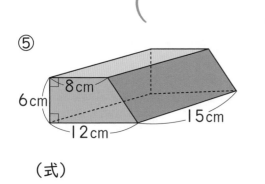

8cm

6cm

15cm

12cm

（式）

（　　　　　）

底面積×高さの式が身についたかな？

答え ▶ 120ページ

1 下の図のような形をした土地のおよその面積を求めます。 式5点, 答え5点【20点】

あ

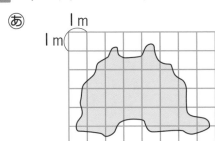

① あの図のように，方眼を使っておよその面積を求めましょう。

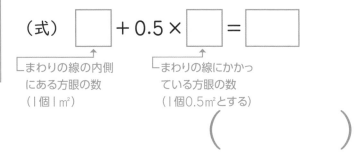

（式）　□ ＋0.5× □ ＝ □

まわりの線の内側
にある方眼の数
（1個1㎡）

まわりの線にかかっ
ている方眼の数
（1個0.5㎡とする）

（　　　　　　　）

い

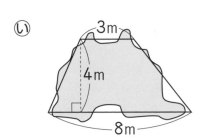

② いの図のように，台形とみて，およその面積を求めましょう。

（式）

（　　　　　　　）

2 下の図のようなゴミ箱を直方体とみて，およその容積を求めましょう。

式10点, 答え10点【20点】

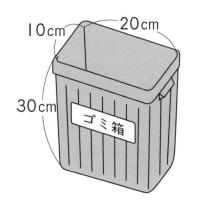

（式）

（　　　　　　　）

「容積」は，入れ物いっぱいに入る
ものの体積のことだったね。

27

3 下の図のように，ゆかにペンキをこぼしました。ペンキがこぼれた部分の
およその面積を求めます。

式5点，答え5点【20点】

あ
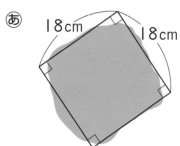
18cm　18cm

① あの図のように，正方形とみて，およその
面積を求めましょう。
（式）

（　　　　　　　　）

い
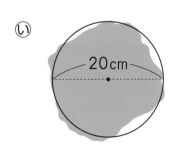
20cm

② いの図のように，円とみて，およその面積
を求めましょう。
（式）

（　　　　　　　　）

4 下の図のようなおにぎりのおよその体積を求めましょう。式10点，答え10点【20点】

（式）

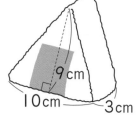
9cm
10cm　3cm

（　　　　　　　　）

5 下の図のようなバケツのおよその容積を求めましょう。式10点，答え10点【20点】

（式）

15cm
10cm

（　　　　　　　　）

およその面積や体積の求め方はバッチリだね。

答え ▶ 120ページ

28

13 比例

1 Ｉmの重さが4gの針金(はりがね)があります。この針金の長さ x mと重さ y gの関係を調べます。

1つ6点【24点】

① 表のあいているところにあてはまる数を書きましょう。

針金の長さと重さ

x(m)	1	2	3	4	5	6
y(g)	4					

【比例の関係】
xが2倍，3倍，…
になると，yも2倍，
3倍，…になる。

② 針金の重さ y(g)は，長さ x(m)に比例しますか。

(　　　　　　　　　　)

③ xとyの関係を，式に表しましょう。

比例の式
y＝決まった数×x

(　　　　　　　　　　)

④ xとyの関係を，右のグラフに表しましょう。

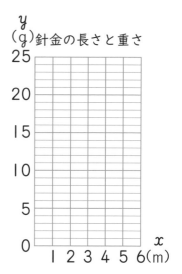

2 同じ種類のクリップ15個の重さをはかったら90gありました。

式8点，答え5点【26点】

① このクリップ35個の重さは何gですか。

（式）

答え＿＿＿＿＿＿＿＿＿

② このクリップ240gでは，クリップは何個ありますか。

（式）

答え＿＿＿＿＿＿＿＿＿

3 8分で480枚コピーできるコピー機があります。　　　　式5点，答え5点【20点】

① このコピー機で，12分でコピーできる枚数は何枚ですか。

（式）

　　　　　　　　　　　　　　　　　　　　　　　答え _____

② このコピー機で1500枚コピーすると，何分かかりますか。

（式）

　　　　　　　　　　　　　　　　　　　　　　　答え _____

4 あいさんと妹が家を同時に出発して，同じ道を歩きました。下のグラフは，そのときの2人の歩いた時間と道のりを表しています。　　　　1つ10点【30点】

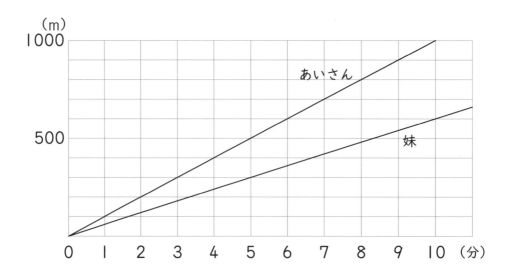

① あいさんは，1分間に何mずつ進んでいますか。

　　　　　　　　　　　　　　　　　　　　　　（　　　　　　　　　　）

② 出発してから5分後，あいさんと妹は何mはなれていますか。

　　　　　　　　　　　　　　　　　　　　　　（　　　　　　　　　　）

③ 2人がこのままの速さで止まることなく歩いたとすると，出発してから15分後には，2人は何mはなれていますか。

　　　　　　　　　　　　　　　　　　　　　　（　　　　　　　　　　）

比例が理解できたね！

答え ▶ 120ページ

14 反比例

得点

点

1 面積が12cm²の長方形があります。この長方形の縦の長さ x cmと横の長さ y cmの関係を調べます。

1つ8点【40点】

① 表のあいているところにあてはまる数を書きましょう。

【反比例の関係】
x が2倍，3倍，…になると，
y は $\frac{1}{2}$ 倍，$\frac{1}{3}$ 倍，…になる。

長方形の縦の長さと横の長さ

x(cm)	1	2	3	4	5	6	12
y(cm)	12						

② y は x に比例しますか，反比例しますか。

（　　　　　　）

③ x と y の関係を，式に表しましょう。

反比例の式
y ＝決まった数÷ x

（　　　　　　）

④ x の値が8のときの y の値を求めましょう。

（　　　　　　）

⑤ ①の表の x と y の値の組を，右のグラフに表しましょう。

対応する x，y の値の組を表す点をとろう。

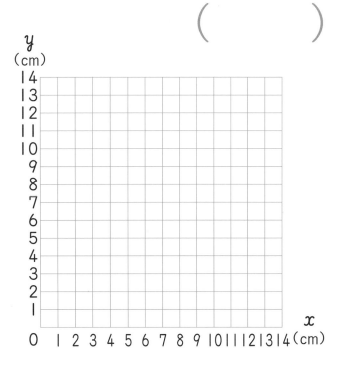

2 次のことがらのうち，y が x に比例するものには○を，反比例するものには△を，どちらでもないものには×を書きましょう。　　1つ5点【30点】

① （　　）　1 ふくろ 35g のお茶 x ふくろ分の重さは y g です。

② （　　）　10m のリボンのうち，x m 使うと，残りは y m になります。

③ （　　）　20dL のスポーツドリンクを，x 人で等分すると，1 人分は y dL になります。

④ （　　）　1 辺の長さが x cm の正三角形のまわりの長さは y cm です。

⑤ （　　）　5L の水が入っている水そうに，x L の水を入れると，水そう全体の水の量は y L になります。

⑥ （　　）　8km の道のりを，時速 x km で歩くと，y 時間かかります。

3 下の表で，y が x に比例しているものには○を，反比例しているものには△を，どちらでもないものには×を書きましょう。　　1つ7点【21点】

①
x(cm)	2	4	6	8
y(cm)	12	6	4	3

②
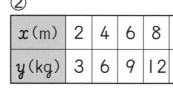
x(m)	2	4	6	8
y(kg)	3	6	9	12

③

x(分)	2	4	6	8
y(L)	8	6	4	2

（　　　）　　　　　（　　　）　　　　　（　　　）

4 下のグラフで，y が x に比例しているものはどれですか。　　【9点】

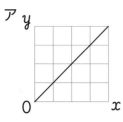
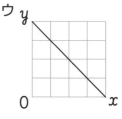

ア　イ　ウ

（　　　）

比例と反比例はバッチリだね。

答え ▶ 121ページ

15 資料の整理①

10分

月　日

得点

点

1 下の表は，6年1組と2組の通学時間を調べたものです。 1つ5点【40点】

6年1組 （分）

①20	②12	③17	④32	⑤24	⑥41	⑦22	⑧8
⑨12	⑩34	⑪12	⑫27	⑬17	⑭4	⑮30	

6年2組 （分）

①6	②24	③27	④44	⑤26	⑥5	⑦15	⑧38
⑨24	⑩16	⑪10	⑫13	⑬28	⑭24	⑮10	⑯18

① 1組と2組の通学時間の平均値（へいきんち）を求めましょう。

↑資料の値（あたい）の合計÷資料の個数

1組（　　　　） 2組（　　　　）

② 1組と2組の通学時間をドットプロットに表しましょう。

〈1組〉

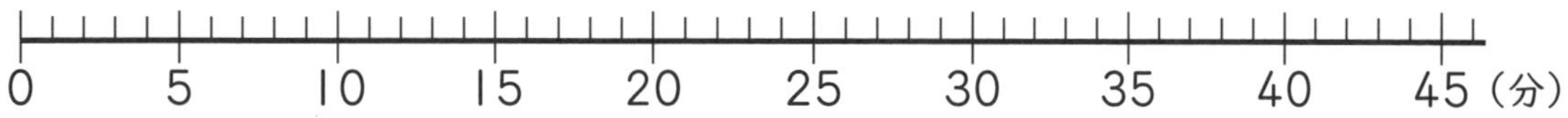

〈2組〉

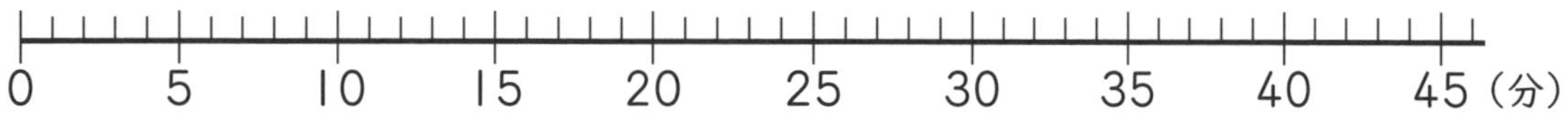

③ 1組と2組の最頻値（さいひんち）を求めましょう。

↑資料の値の中で，いちばん多く出てくる値のこと。

1組（　　　　） 2組（　　　　）

④ 1組と2組の中央値（ちゅうおうち）を求めましょう。

↑資料の値を大きさの順に並（なら）べたときのちょうど真ん中の値のこと。

1組（　　　　） 2組（　　　　）

2 下のドットプロットは，ある小学校の6年男子32人のソフトボール投げの記録を調べて，ちらばりのようすを表したものです。

1つ10点【60点】

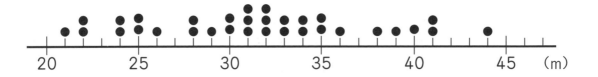

① いちばん長い記録は何mですか。また，いちばん短い記録は何mですか。

長い記録（　　　　　）　　短い記録（　　　　　）

② 中央値を求めましょう。

（　　　　　）

③ 右の度数分布表に整理しましょう。

ソフトボール投げ（男子）

きょり(m)	人数(人)
20^{以上}〜25^{未満}	
25　〜30	
30　〜35	
35　〜40	
40　〜45	
合計	

④ 記録が30m未満の人は，何人いますか。

（　　　　　）

⑤ 35m以上投げた人は，何人いますか。

（　　　　　）

ドットプロット，度数分布表はばっちりだね。

答え ▶ 121ページ

1 右の表は，6年1組の女子の体重測定の結果を整理した度数分布表です。

1つ10点【60点】

① 40kgの人は，どの階級に入っていますか。

（　　　　　　　　）

② 整理した表をもとにして，右下にヒストグラムをかきましょう。

③ 30kg以上35kg未満の人は何人いますか。

（　　　　　　　　）

④ 人数がいちばん多いのは，どの階級ですか。

（　　　　　　　　）

⑤ みおさんは体重の軽いほうから数えて5番めです。

どの階級に入っていますか。

（　　　　　　　　）

⑥ 体重が40kg以上の人数は，1組の女子全体の何％ですか。

（　　　　　　　　）

女子の体重

体　重（kg）	人数（人）
25以上〜30未満	2
30　〜35	4
35　〜40	6
40　〜45	5
45　〜50	3
合　計	20

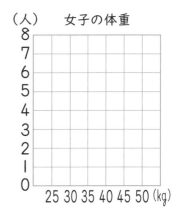

（人）　女子の体重

25 30 35 40 45 50 (kg)

2 下のグラフは，ある市の2000年と2019年の男女別，年れい別人口の割_{わり}合を表したものです。

1つ10点【40点】

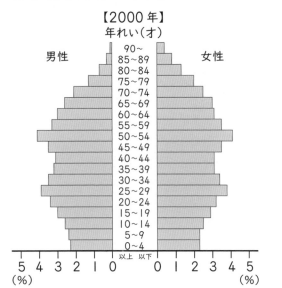

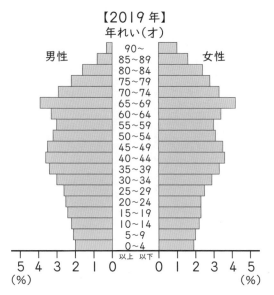

① 2000年で，いちばん人口が多いのは，何才以上何才以下の階級ですか。

( )

② 65才以上の割合は，2019年は2000年と比べて，増えていますか，減っていますか。

( )

③ 次のことがらについて，「正しい」といえるものには○を，「正しくない」といえるものには✕を，「上のグラフからはわからない」ものには△を書きましょう。

あ ( ) 2019年で，80才以上の女性は80才以上の男性より人数が多い。

い ( ) 0才〜4才の男児の人口は，2000年と2019年でほぼ同数である。

人口のグラフもわかったね。すごいよ！

答え ▶ 121ページ

月　日　**10**分

得点

点

1 ①, ②, ③, ④の4枚の数字カードを並べて4けたの整数をつくります。

①6点（完答），②4点【10点】

① 千の位を①にすると，何通りの整数ができますか。右の図の□にあてはまる数を書いて求めましょう。

（　　　　　）

② 千の位が②，③，④のときも同じように考えると，全部で何通りの整数ができますか。

（　　　　　）

（千の位）（百の位）（十の位）（一の位）

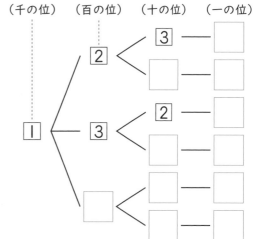

2 5円玉を続けて3回投げます。このとき，表と裏の出方を調べます。

1つ5点【10点】

① 表を○，裏を●として，1回めが表のときを右の図に表しました。□にあてはまる○や●をかきましょう。

② 全部で何通りの出方がありますか。

（　　　　　）

（1回め）（2回め）（3回め）

3 A，B，C，Dの4チームでサッカーの試合をします。どのチームもちがったチームと1回ずつ試合をします。

1つ5点【10点】

① 試合の組み合わせを，右の表に表します。表の残りのらんをうめましょう。

表のななめの線より下は，上と同じ組み合わせになる。→

② 試合の組み合わせは，全部で何通りありますか。

（　　　　　）

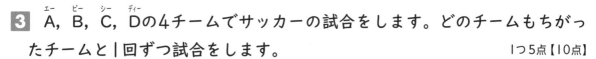

	A	B	C	D
A		○	○	○
B				
C				
D				

4 右の図のような3つの部分ア，イ，ウを，赤，青，黄の3色を全部使ってぬり分けます。何通りのぬり方がありますか。 【14点】

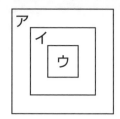

(　　　　　　)

5 6，7，8，9の4枚の数字カードのうち2枚を選んで2けたの整数をつくります。全部で何通りの整数ができますか。 【14点】

(　　　　　　)

6 赤玉と白玉が3個ずつあります。この玉のうち3個を横に1列に並べます。並べ方は全部で何通りありますか。 【14点】

(　　　　　　)

7 A，B，C，D，E，Fの6人ですもうをとります。どの人もちがった人と1回ずつとります。とり組は全部で何回ありますか。 【14点】

(　　　　　　)

8 国語，算数，社会，理科，体育の5つの教科から，好きな教科を3つ選びます。何通りの選び方がありますか。 【14点】

(　　　　　　)

これで，算数は完成だよ。よくがんばったね。

答え ▶ 122ページ

国語

1 まちがえやすい漢字①

目標 10分　月　日　得点　点

1 次の□にあてはまる漢字は、○にあてはまる漢字の一部です。□と○にあてはまる漢字を書きましょう。 一つ2点【16点】

[例] 指示に[従](したが)う。――(縦)(たて)と横。（「従」は「縦」の一部。）

① ㋐ □(き)金属 ―― ㋑ 父の○(い)産を受けつぐ。

② ㋐ 一万分の一の縮(しゅく)□(しゃく)。 ―― ㋑ 言い○(わけ)をする。

③ ㋐ 服の□(すん)法を測る。 ―― ㋑ ロケットの発○(しゃ)台。

④ ㋐ 事故の死□(ぼう)者。 ―― ㋑ 駅にかさを○(わす)れる。

2 □にあてはまる同じ部分のある漢字を書きましょう。 一つ4点【24点】

① 意見が□(はげ)しく対立し、二つの□(は)に分かれる。

② 細かく□(きざ)んだねぎを□(わ)りばしでつまむ。

③ 流行歌の作□(し)家として、世に□(みと)められる。

二つの□には、へんかつくりが同じ漢字が入るよ。

> 形の似ている漢字の区別は、ぼうにょり、だいじょうぶ!

4 次の各文で、まちがって使われている漢字に□を付けて×をつけ、□に正しい漢字を書きましょう。　【1つ4点　12点】

① 運賃が再来月の四月から値上がりするので、バスや市電の

② 日本の歴史を知りたいので、城の写真をのせた雑誌の券頭の

③ 空がどんより暗くなり、冷たい厚く垂れに雨が降ってきた灰色の

---

3 三つの熟語ができるように、□に〔　〕の部首と□の部分を組み合わせた漢字を書きましょう。　【1つ4点　48点】

例　〔ごんべん〕
正・復・表
▶▶ 証（明）・護（養）・詳（可）

① 〔てへん〕
架・軍・空
指 → □　□（検・体）

② 〔きへん〕
几・文・美
型 → □　□（数・勉）

③ 〔にんべん〕
凶・勾・良
頭 → □　□（囲・空）

④ 〔くさかんむり〕
者・威・忿
音・気・冷 → □（車）

[国語]

2 まちがえやすい漢字②

目標 10分

月　日

得点　　点

1 次の言葉を、漢字と送りがなで書きましょう。

一つ3点【12点】

① そなえる
- ㋐ 仏前に花を（　　　　）。
- ㋑ 窓（まど）に板を打ちつけ、台風に（　　　　）。

② おさめる
- ㋐ 大学で学問を（　　　　）。
- ㋑ 多くの利益を（　　　　）。

2 ――線と同じ訓読みをする漢字を、□に書きましょう。

一つ6点【18点】

① 塩をかける。……海の□が満ちる。

② やり方を変える。……荷物を□手で持つ。

③ 波が打ち寄せる。……いちょうの□木道。

3 □にあてはまる漢字を、□から選んで書きましょう。

一つ3点【12点】

①
- ㋐ □岸漁業
- ㋑ □長戦

演　延　沿

②
- ㋐ 鉄□石
- ㋑ □鉄の戦車。

鉱　構　鋼

同訓・同音の漢字を使い分けられたかな？

□の漢字を音読みして、□にあてはめよう。

5 □に入る音を表す部分を□□から選び、□に書いた漢字を□に書きましょう。また、（　）に、三字熟語の読みがなを書きましょう。 1つ3点【18点】

例 国境
糸 → 線（せん）
↑
「糸」と「泉」を組み合わせると「線」ができるわ。

① 害物 β → □ （　　　　）

② 気象 宀 → □ （　　　　）

③ 天守 門 → □ （　　　　）

[十　丁　糸
　章　泉　冬]

4 次の音読みをする漢字を、それぞれ□に書きましょう。 1つ5点【40点】

① ゲン
　ア 重な警備 □
　イ 川の水 □地。

② キ
　ア □で呼吸する。
　イ □句を作る。

③ ショ
　ア 南西の島 □
　イ □みに分する。

④ カン
　ア □気流
　イ 観□車

1 次の①〜④のような成り立ちの熟語群を、□から一つずつ選んで、記号を書きましょう。　一つ4点【16点】

① 反対の意味や対になる漢字を組み合わせたもの。
② 似た意味の漢字を組み合わせたもの。
③ 上の漢字が下の漢字を修飾する関係にあるもの。
④ 上が動作、下が「――を」「――に」にあたる漢字の組み合わせ。

①　□　　②　□　　③　□　　④　□

ア　忠誠（ちゅうせい）　絹糸（きぬいと）　納税（のうぜい）
イ　仁愛（じんあい）　悲劇（ひげき）　満干（まんかん）
ウ　幼虫（ようちゅう）　増減（ぞうげん）　就職（しゅうしょく）
エ　樹木（じゅもく）　善悪（ぜんあく）　開幕（かいまく）

まず、ア〜エの
それぞれの熟語の
意味を確かめてね。

2 □にあてはまる漢字を□から選んで書き入れ、①〜③は似た意味の漢字を組み合わせた熟語を、④〜⑥は反対の意味や対になる漢字を組み合わせた熟語を作りましょう。　一つ4点【24点】

① 社会を　改□　する。
② 商品を　□伝　する。
③ 神の　□在　を信じる。

④ 正□　表を作る。
⑤ □白　のまんじゅう。
⑥ 縦□　に走る道路。

存　定　宣　革　材

紅　解　縦　誤　直

二字熟語の成り立ちは、あなたはわかったかな？

3 次の二字熟語の意味を、使われている漢字の訓読みを使って、下の文のような形に書こう。 【1つ5点 20点】

例 木立（きだち） ← 木が立つ

① 山頂（さんちょう） ← （　　　　　）

② 消火（しょうか） ← （　　　　　）

③ 洗顔（せんがん） ← （　　　　　）

④ 除雪（じょせつ） ← （　　　　　）

② 短針（たんしん） ← （　　　　　）

4 □に「不・無・非・未」のうち、意味を打ち消す漢字を書き、熟語を作り、（　）にできた熟語の読み方を書きましょう。 【1つ4点 24点】

③ □視　□熟　（　　　　　）

① （　　　　　）

② □純　（　　　　　）

5 例にならい、○には似た意味の漢字を、□の□の○（イ）・（ア）には○の上の漢字と反対の意味や対になる漢字を、下から選んで書き入れて、熟語を作りましょう。 【1つ4点 16点】

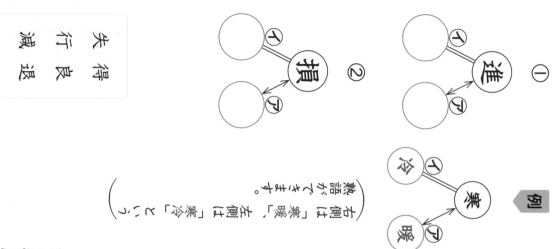

例 （イ）冷　暖（ア）暖　寒

（右側は「寒暖」、左側は「冷」「暖」で、熟語ができます。）

① （イ）　進　（ア）

② （イ）　損　（ア）

失　行　減
得　良　退

4 熟語の成り立ち②

1 ●にあてはまる漢字を □ から選んで、下の□に書きましょう。また、──線の三字熟語の読み方を、（　）に書きましょう。　1つ2点【20点】

① ●<u>至急</u>　校庭に集まること。　□　（　　　　）

② 飛行機が●<u>降下</u>する。　□　（　　　　）

③ 野球大会で●<u>優勝</u>となる。　□　（　　　　）

④ 応対が●<u>姿勢</u>だ。　□　（　　　　）

⑤ 映画の●<u>場面</u>の特集。　□　（　　　　）

| 準 | 新 | 急 | 大 | 名 | 低 |

2 ──線のひらがなは漢字に直し、●には「的・性・化」のじれかを入れて三字熟語を作り、下に書きましょう。　両方で1つ6点【24点】

① 事務手続きを<u>かんりゃく</u>●する。

② <u>けいざい</u>●な買い物をする。

③ 失敗する<u>きけん</u>●が高い。

④ り●からるまこをしない。

答え ● 124ページ

三字熟語・四字熟語の訳をしっかり覚えましょう！

ウ その時々の場面に応じて、適切な処置をすること。

イ 多くの人が、申し合わせたように同じことを言うこと。

ア なかばは信じ、なかばは疑うこと。

③ 物事に、臨■応変に対応する。

〔　〕□

② できすぎた話なので、半信半■で聞く。

〔　〕□

① 出席者全員が、異■同音に反対を唱えた。

〔　〕□

4 ■にあてはまる漢字を、下の□の中から選んで〔　〕に書きましょう。また、――線の四字熟語の意味を　　から選んで、（　）に記号を書きましょう。【1つ4点/24点】

体操
五人
誠意
高層
選手
建築
誠心
四捨

（　）

（　）

（　）

（　）

対になる漢字に注目しよう。

3 の□字熟語を、二字熟語に分けて、その熟語の読み方を書きましょう。また、□字の熟語を四つ作りましょう。【1つ4点/32点】

5 類義語

1 次の□の言葉と意味が似ているものを一つずつ選んで、○をつけましょう。

一つ4点【20点】

① 安全
( ) 安直
( ) 無事
( ) 保全

② 空想
( ) 予想
( ) 想定
( ) 想像

③ 賛成
( ) 同意
( ) 決意
( ) 真意

④ 希望
( ) 失望
( ) 願望
( ) 有望

⑤ 進歩
( ) 発生
( ) 発明
( ) 発展(はってん)

まず、それぞれの言葉の意味をしっかり確かめよう。

2 次の文の□にあてはまる類義語を　から一つずつ選んで、漢字に直して書きましょう。

一つ5点【30点】

① 私(わたし)は、歴史に□がある。

② 図書委員の□を果たす。

③ □な問題から解いていく。

かんしん
にんむ

かんたん
きょうみ

くろう
ようい

せきむ
けいい

答え ➡ 124ページ

類義語は、意味が全く同じというわけではないんだよ。

類義語の使い分けに注意してね。

4 次の□に合う言葉を、　　から選んで書きましょう。 【1つ5点／30点】

③
㋑ 長年の □ がむくわれる。
㋐ これは、兄の □ の作だ。

＜選択肢＞ 苦心　苦労

②
㋑ 食生活の □ をはかることが大切だ。
㋐ 品種の □ を重ね、ついに成功する。

＜選択肢＞ 改善　改良

①
㋑ 調査の □ を発表する。
㋐ 物語の □ は、意外なものだった。

＜選択肢＞ 結末　結果

3 上と下が類義語になるように、□にあてはまる漢字を　　から選んで書きましょう。 【1つ5点／20点】

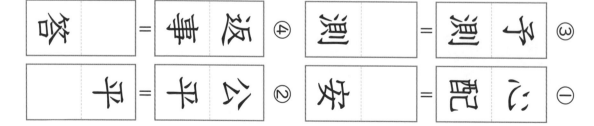

③ 予測 ＝ 推□　　① 心配 ＝ 気□

④ 返事 ＝ □答　　② 公平 ＝ □平

＜選択肢＞ 等　定　気　応　推　目　設　不

6 文と文のつながり

1 次の――線のつなぎ言葉と同じ働きをする言葉を □ から一つずつ選んで、□に記号を書きましょう。

1つ5点【30点】

① 宿題が終わった。さて、次は何をしようか。　□

② この服は値段が安く、しかも、質がよい。　□

③ 寒くなってきた。それで、コートを着た。　□

> ア そのうえ　　イ ところで　　ウ だから
> エ それで　　オ では　　カ さらに

2 ㋐・㋑の（　）に、「だから」「しかし」のうち、どちらかあてはまるほうを書きましょう。

1つ6点【36点】

① ㋐ おなかがすいた。（　　）、パンを食べた。
　 ㋑ おなかがすいた。（　　）、食べる物がなかった。

② ㋐ 走って行った。（　　）、バスに間に合わなかった。
　 ㋑ 走って行った。（　　）、バスに間に合った。

③ ㋐ チーム全員でがんばった。（　　）、優勝できた。
　 ㋑ チーム全員でがんばった。（　　）、優勝できなかった。

> （　）の前と後ろで、どうつながっているかな。

49

答え ● 124ページ

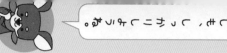

見直しも、わすれないようにね。

ウ 前の文の理由を説明している。

イ 前の文の内容をくわしく説明している。

ア 前の文の内容をかんたんに説明している。

① [　　　]

② [　　　]

4 次の――線①・②の文は、直前の文のどのようにつながっていますか。あとから選んで、□に記号を書きましょう。 〔1つ5点〕

弟は、さっき電話があったが、都合が悪くなったらしい。①父は当初九州へ出張したが、その都合で、一週間延びたらしい。②今日、父の会社にいたのだから、行けないのだ。今朝父の会社にいたのだ。

---

3 次の文を、□のきまりにしたがって、二つの文に分けて書きましょう。 〔1つ6点〕

例 （「それで」「だから」は使わない。）

雨が降ってきたので、試合を中止した。

［雨が降ってきた。それで、試合を中止した。］

それで・だから・けれど・すると・そこで・そのうえ

① ドアを何度もノックしたが、それでも、だれも出てこなかった。

　[　　　　　　　　　　　　　]

② この辺りは静かだし、緑も多い。

　[　　　　　　　　　　　　　]

③ のどがかわいたから、ジュースを飲んだ。

　[　　　　　　　　　　　　　]

④ 赤い屋根の家の角を曲がると、正面に駅が見えるはずだ。

　[　　　　　　　　　　　　　]

⑩ 分　目標　月　日　得点　点

1 次の文では、□のどの敬語表現が使われていますか。□に記号を書きましょう。

1つ6点【24点】

① 有名な作家が、講演のために演だんに立たれた。　□

② これで、私の発表を終わります。　□

③ となりのおじいさんは、毎日一時間、散歩をなさる。　□

④ 夏休み中の健康管理について、先生の話をうかがう。　□

ア　ていねい語	イ　尊敬語	ウ　けんじょう語

2 次の文の──線の部分を、〈 〉のどちらかの表現を使って、敬語の言い方にしましょう。

1つ6点【24点】

① 弟とつりに行く。〈──です・──ます〉

→弟とつりに（　　　　　　　　　　　）。

② おばさんが来る。〈──れる・──られる〉

→おばさんが（　　　　　　　　　　　）。

③ 先生が予定を話す。〈お──になる・お──する〉

→先生が予定を（　　　　　　　　　　　）。

④ 先生に写真を見せる。〈お──になる・お──する〉

→先生に写真を（　　　　　　　　　　　）。

答え ◎ 125ページ

敬語の使い方がわかりましたね！

ア 授業が始まって、先生が教室にいらっしゃいました。

イ 先生が、絵の練習をごらんになりました。

ウ 校長先生が、運動会の展覧会に参りました。

エ これは、母が絵の展覧会に参観になりました。

【6点】

5 敬語の使い方が正しい文を一つ選んで、記号を〇で囲みましょう。

③ 出席の方に〇名前を書いていただく。

② ひかえ室で〇休みいただいてから、〇案内します。

① 先生から〇れんらくをいただきましたが、〇へんじは、大切にとってあります。

1つ6点【18点】

4 次の〇に「お・ご」のどちらかを書き入れて、敬語を使った文にしましょう。

〇に「お・ご」を、自然にあてはまるほうを選んで。

④ 先生からのおたよりを見る。 （　　　　　　　）

③ お客様が夕食を食べる。 （　　　　　　　）

② お世話になった方にお礼を言う。 （　　　　　　　）

① 先生は図書館にいる。 （　　　　　　　）

1つ7点【28点】

3 次の――線の言葉を、特別な言葉を使った敬語に書き直しましょう。

1 次の文は、どんなことを表す文ですか。文末の表現に注意して □ から合うものを選び、□に記号を書きましょう。 1つ6点【36点】

① この本をどこで手に入れたか、教えてください。

② 放課後、市営プールへ行きましょう。

③ 明日の会に、姉は出席しない。

④ そんなに急いで、どこへ行くのですか。

⑤ 駅前に、新しい書店ができるようです。

⑥ 宿題は、金曜日までに提出しなさい。

相手に、どんな内容を伝えようとしているかな。

① □ ② □ ③ □ ④ □ ⑤ □ ⑥ □

ア たずねる文。　　イ 事がらを打ち消す文。

ウ 命令する文。　　エ さそいかける文。

オ お願いする文。　　カ たぶんそうだと思うことを述べる文。

2 次の文を、文末の表現に注意して①〜③の言い方の文に書きかえましょう。 1つ8点【24点】

＊ 工場のあと地には、公園ができます。

① 公園ができることを人から聞いて伝える言い方。

（　　　　　　　　　　　　　　）

② 公園ができることを打ち消す言い方。

（　　　　　　　　　　　　　　）

③ 公園ができるのかたずねる言い方。

（　　　　　　　　　　　　　　）

④ ①・②の文を、それぞれ〈　〉のようにして書き直しましょう。　　［9点×2／18点］

① 通りがかった人が、妹に道をたずねた。
〈「妹」を主語にして、「れる」「られる」を使って、妹が何かをされることを表す文にする。〉

（妹が　　　　　　　　　　　　　　　　）

② 図書委員が、本の整理をする。
〈「先生」を主語にして、「せる」「させる」を使った文にする。〉

（先生が　　　　　　　　　　　　　　　　）

---

③ 次のような場合に最もふさわしい表現を一つずつ選んで、□に記号を書きましょう。　　　　［8点×3／24点］

① 木村さんに、木村さん本人から断りの電話があったということをみんなに伝える場合。
　ア　木村さんは、今日の集まりに来られないそうです。
　イ　木村さんは、今日の集まりに来られないそうですよ。
　ウ　木村さんは、今日の集まりに来られないそうでしょう。
　□

② 二組が優勝するかどうか、確かなことは見当もつかないでいる場合。
　ア　二組が優勝するに決まっている。
　イ　二組が優勝するかもしれない。
　ウ　二組が優勝するらしい。
　□

③ お世話になった人に、お礼の手紙を書く場合。
　ア　お世話になった人にお礼の手紙を書いた。
　イ　お世話になった人にお礼の手紙を書こう。
　ウ　お世話になった人にお礼の手紙を書くつもりだ。
　□

9 文の組み立て

1 ——線の主語に対する述語の横に、——線を引きましょう。また、それぞれの文の文型を＿＿から選んで（　）に記号を書きましょう。

両方できて一つ7点【28点】

① 店は、月曜日から木曜日まで、続けて休んだ。（　　）

② これが、弟といっしょに作ったプラモデルです。（　　）

③ 図書館は、あの角を右に曲がった所にあります。（　　）

④ 新しい運動場は、今の運動場に比べて、とても広い。（　　）

> ア　何が(は)——どうする。　　イ　何が(は)——どんなだ。
> ウ　何が(は)——何だ。　　　　エ　何が(は)——ある・いる。

2 例にならって、——線の修飾語と、それがくわしくしている言葉との関係を、図に表しましょう。

一つ7点【28点】

例 ▶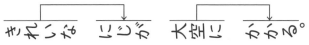
きれいな　にじが　大空に　かかる。

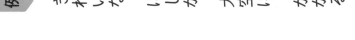

① 子どもたちが、大きい　声を　出す。

② 子どもたちが、大きく　声を　出す。

③ ドアを　開けて、心配そうに　顔を　のぞかせる。

④ ドアを　開けて、心配そうな　顔を　のぞかせる。

> ——線の修飾語が述語のすぐ前にもついているかどうかを考えてみよう。

55

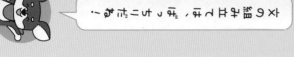

3 ①〜③の文には、「主語―述語」の組み合わせが二組ずつあります。文の組み立てを表した図の□にあてはまる言葉を書き入れましょう。（㋒には文全体の主語が、㋓には文全体の述語が入ります。） 一つ3点【36点】

① 弟が　買った　おもちゃが、こわれた。

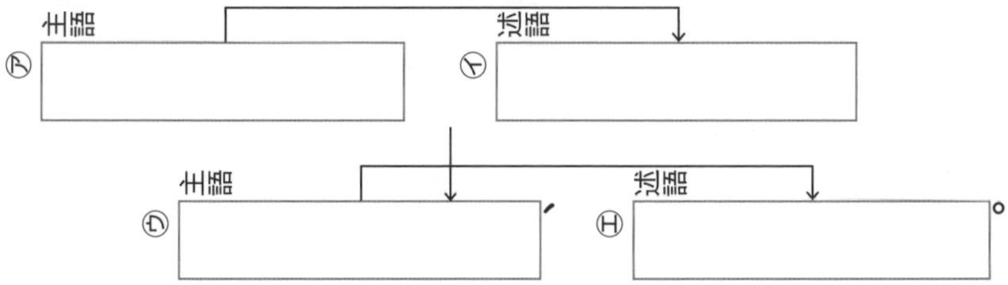

② 私（わたし）は、友達が　書いた　作文を　読んだ。

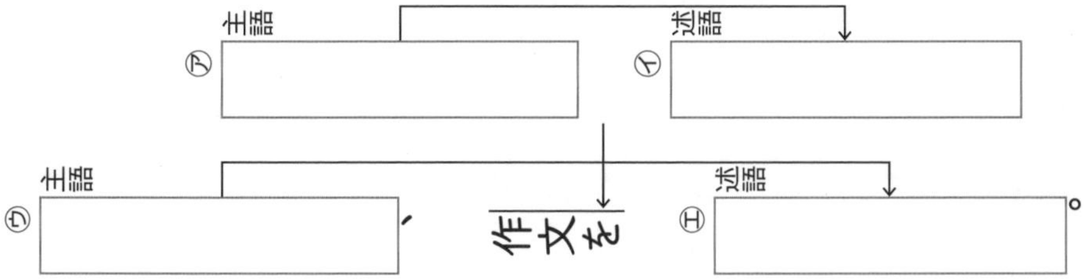

③ あれは、もぐらが　ほった　穴（あな）です。

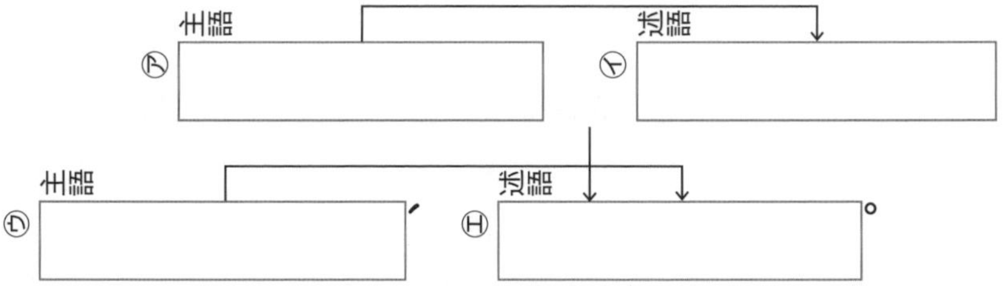

4 [例]にならって、同じ内容を表す二つの文に書き直しましょう。 【8点】

[例]・姉が借りた本は伝記だ。➡〔姉が本を借りた。その本は伝記だ。〕

・父が作ったオムレツはとてもおいしい。

〔　　　　　　　　　　〕

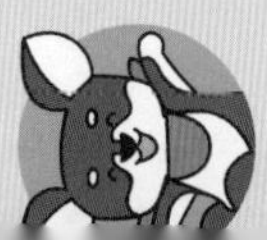
文の組み立ては、ばっちりだね！

答え ▶ 125ページ

国語 10

物語の読み取り①

目標 10分　月　日　得点　点

1 次の文章を読んで、問題に答えましょう。【50点】

〔小十郎は猟師。貧しく、生活のために熊をとり、毛皮などを売って暮らしている。〕

なめとこ山あたりの熊は小十郎をすきなのだ。㋐その証拠には熊どもは、小十郎がぼちゃぼちゃ＊谷をこいだり、谷の岸の細い平らな、いっぱいにあざみなどの生えているところを通るときは、だまって高いところから見送っているのだ。木の上から両手で枝にとりついたり、崖の上でひざをかかえてすわったりして、［　］に小十郎を見送っているのだ。

まったく熊どもは、小十郎の犬さえすきなようだった。

けれどもいくら熊どもだって、すっかり小十郎とぶっつかって、犬がまるで火のついたまりのようになって飛びつき、小十郎が目をまるでへんに光らして鉄砲をこっちへかまえることは、あんまりすきではなかった。そのときは、たいていの熊はめいわくそうに手をふって、㋑そんなことをされるのをことわった。

＊谷をこぐ…水のある谷をわたる。

（宮沢賢治「なめとこ山の熊」『銀河鉄道の夜——宮沢賢治童話集』〈偕成社〉より）

① ㋐「その証拠」とは、どんなことの証拠ですか。 一つ5点(10点)

（　　　　）は、（　　　　）ということ。

② ［　］にあてはまる言葉を選んで、記号を○で囲みましょう。(10点)

ア　めいわくそう
イ　おもしろそう
ウ　いじわるそう

③ 熊たちに対する犬の行動を、どんなたとえを使って表していますか。十七字で書き出しましょう。(15点)

④ ㋑「そんなこと」とは、だれが、どうすることですか。(15点)

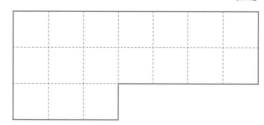

> 物語の場面を順に読み取っていけるかな？

② 次の文章を読んで、問題に答えましょう。 【1つ10点　50点】

＊かがる…めぐる。

ところがある年の夏、小十郎があの白い＊かがる雲のなかを、のそのそ登って谷をめぐって行きますと、いきなり㋐犬がぴょんぴょんはねながら先へかけて行くのでした。小十郎が見ると向こうのはんたいに、㋑大きな熊が両足で立って、まるで黒い＊夏目のような手を宙にのばして、小十郎の方へおりてくるのでした。

小十郎はぴたっと落ちついて、木にからだをよせて鉄砲をかまえて立ちました。熊はどんどん近くなってきました。

（中略）

小十郎はその時、すきとおるような冷たいものが、頭の上へさあっと落ちてくるのを感じました。

①「おお、小十郎、おまえを殺すつもりはなかった。」と、熊の言うのが、遠くであるように聞こえました。

小十郎は、⑨もう死んだと思いました。そして青い星のような光が、ちらちらちらちらするのを見ました。

㋭「これが死んだしるしだ。死ぬとき見る火が、青くぽおっと見えたって、みんなに見えるそうだ。ゆるせよ。」と、小十郎は思いました。

〈宮沢賢治〉
（「宮沢賢治童話集『なめとこ山の熊・銀河鉄道の夜』」偕成社　より）

① ——線㋐の犬が、何に気がついたようすですか。

＿＿＿＿＿＿＿＿＿＿＿＿＿＿＿＿＿＿＿
＿＿＿＿＿＿＿＿＿＿＿＿＿＿＿＿＿＿＿

② ——線㋑の熊が、何に向かってへいていって、小十郎へ、どんなようすでかかってくるようすですか。

＿＿＿＿＿＿＿＿＿＿＿＿＿＿＿＿＿＿＿
＿＿＿＿＿＿＿＿＿＿＿＿＿＿＿＿＿＿＿

③ ①「ああ、小十郎おまえは……」とありますが、このあと、何が、小十郎の身に起こりましたか。

（　　　　　　　　　　　　　　　　　）

④ ——線⑨「だがおれはもう死んだ」とありますが、だれのことばだと考えられますか。「熊」「小十郎」のどちらかを使って書きなさい。

＿＿＿＿＿＿＿＿＿＿＿＿＿＿＿＿＿＿＿
＿＿＿＿＿＿＿＿＿＿＿＿＿＿＿＿＿＿＿

⑤ ——線㋭「これ」は、何を指していますか。八字で書き出しましょう。

（　　　　　　　　　　　　　　　　　）

物語の読み取り②

目標 10分　月　日　得点　点

1 次の文章を読んで、問題に答えましょう。

1つ15点【45点】

〔「ぼく」は、友達の絵の具をぬすんでしまった。〕

「あなたは自分のしたことをいやなことだったと思っていますか。」

もう一度そう先生が静かにおっしゃったときには、㋐ぼくはもうたまりませんでした。ぶるぶるとふるえてしかたがないくちびるを、かみしめてもかみしめても泣き声が出て、目からは涙（なみだ）がむやみに流れてくるのです。もう先生にだかれたまま死んでしまいたいような心持ちになってしまいました。

「あなたはもう泣くんじゃない。よくわかったら㋑それでいいから泣くのをやめましょう、ね。次の時間には教場※（きょうじょう）に出ないでもよろしいから、わたしのこのお部屋にいらっしゃい。静かにしてここにいらっしゃい。わたしが教場から帰るまでここにいらっしゃいよ。いい？」

とおっしゃりながらぼくを長いすにすわらせて、そのときまた勉強のかねが鳴ったので、机（つくえ）の上の書物を取り上げて、ぼくのほうを見ていられましたが、二階の窓（まど）まで高くはい上がったぶどうづるから、一ふさの西洋ぶどうをもぎ取って、しくしくと泣き続けていたぼくのひざの上にそれを置いて、静かに部屋を出ていきなさいました。

※教場…「教室」のこと。

（有島武郎「一ふさのぶどう」『少年少女世界文学』〈学習研究社〉より）

① ㋐「ぼくはもうたまりませんでした」とありますが、このときの「ぼく」の気持ちを表している一文を、書き出しましょう。

〔　　　　〕

② ㋑「それでいい」とは、どういうことですか。次の□にあてはまる言葉を、八字で書き出しましょう。

● 自分のしたことが□とわかっていればいいということ。

□□□□□□□□

③ 先生は、部屋を出ていく前に、「ぼく」に何を残していきましたか。九字の言葉を、書き出しましょう。

□□□□□□□□□

（吹き出し）「ぼへ」は、「先生に許されたんだ。」

2 次の文章を読んで、問題に答えましょう。 〔55点〕

……の中にうつっていきました。そのとき、ぼへを見たとき、ぼへは、今にも泣き出しそうな悲しい顔をしていました。笑いながらすべてのことから落ちついてきて、今はねむっている先生のことをみんなで考えて、学校に来たことを帰りたくなり、帰りはしようと思いました。でも先生のその悲しい顔を見ているうちに、笑い返しながら少しずつ気分が落ちついてきて、だんだんそのことをためらわれてきました。

ぼへは許されたのだ、とぼへは思いました。先生の高い背中の部屋で、先生はやさしくぼへを軽くうなずきながら、先生のあとからゆるやかに自分の目をぼへは軽くうなずきながら見て、先生の部屋の目をぼへは軽くうなずきながら生れて、ぶどうのぶどうを……

（有島武郎「一ふさのぶどう」による／『少年少女日本文学館』『少年少女世界文学館』学習研究社 による）

① —線「笑い返しながら」とありますが、「ぼへ」が「笑い返」したのはなぜですか。「から」につながるように、書き出しましょう。 〔15点〕

〔　　　　　　　　　　　　　　　　　　〕から。

② 「ぼへは許されたのだ。」とありますが、「ぼへ」が自分の気持ちを書き出しているのは、その様子を、簡単に書き出しましょう。 〔15点〕

〔　　　　　　　　　　　　　　　　　　〕という気持ち。

③ 「ぼへは、命じました。」とありますが、……が表されているのだと、「ぼへ」は……という様子が分かります。 〔15点〕

〔　　　　　　　　　　　　　　　　　　〕

④ 「先生」の人物像にあてはまるものを、次のア〜ウから一つ選び、記号で答えましょう。 〔10点〕

ア 善悪を○○にし、……人物。

イ 生徒の気持ちに気を配る、やさしい人物。

ウ 他人に対して厳しく判断することのない人物。

〔　　　　〕

説明文の読み取り①

1 次の文章を読んで、問題に答えましょう。【50点】

「時計の時間」は、いつでもどこでも、だれにとっても同じように進みます。

ところが、君の感じている時間は、いつでもどこでも、同じように進んでいるでしょうか？

君は、楽しい時間はあっというまにすぎるように感じ、たいくつな時間は長く感じたことはなかったでしょうか？

　　　、君のお父さんやお母さんが、「昔にくらべると時間がたつのが早い」と言っているのをきいたことは、ないでしょうか？

「時計の時間」がいつでもどこでも、だれがはかっても同じように進むのに対して、私たちが感じる時間、つまり「心の時間」は、いつでもどこでも、だれにとっても同じように進むわけではないのです。

「心の時間」は、その時間をいつ、どこで、どうすごすかによって、早く進んだりおそく進んだりするのです。

（一川誠「みんなそれぞれ心の時間」『じ
かんのふしぎ』〈福音館書店〉より）

① この文章では、何と何を対比して説明していますか。五字と四字で順に書き出しましょう。 一つ8点(16点)

② 「時計の時間」の特ちょうは、どんなことだと述べていますか。
一つ8点(16点)

・（　　　　　　　　　）、
　だれにとっても（　　　　　　）
　ように進む。

③ 　　　にあてはまる言葉を一つ選んで、記号を○で囲みましょう。
(8点)

ア　だから　　イ　けれども

ウ　すると　　エ　また

④ 「心の時間」の進み方にえいきょうをあたえるのは、どんなことだと述べていますか。
(10点)

2 次の文章を読んで、問題に答えましょう。【50点】

　すべての人が、いつも時計の時間に合わせて生きられるわけではありません。（中略）

　たとえば同じ教室で、同じ時計の時間にしたがってすごしていても、その時間を長く感じている子もいれば、みじかく[　　]子もいます。みんなそれぞれの「心の時間」を生きているのです。

　㋐「時間」は、見ることもさわることもできません。もともと「時間」は、じっさいに「ある」ものではなくて、人間が考えだした道具のようなものです。

　とくに「時計の時間」は、学校や会社などで、ほかの人といっしょに生活するのが、うまくいくようにつくられたものです。

　㋑その「時計の時間」に自分の生活を合わせることは、ほかの人たちとくらすために大切なことです。

　しかし逆に、自分も、ほかのみんなも、「時計の時間」とはちがう「心の時間」を、それぞれもっているのだと考えることも、大切なことだろうと思います。

（一川誠「みんなそれぞれ心の時間」『たくさんのふしぎ』〈福音館書店〉より）

① [　　]にあてはまる言葉を、同じ段落（だんらく）から五字で書き出しましょう。（10点）

[　][　][　][　][　]

② 筆者は、㋐「時間」とはどのようなものだと述べていますか。十四字で書き出しましょう。（15点）

[　][　][　][　][　][　][　][　][　][　][　][　][　][　]

もの。

③ ㋑「その『時計の時間』」の説明になるように、（　）にあてはまる言葉を書き出しましょう。（10点）

● ほかの人との（　　　　）がうまくいくようにつくられた時間。

④ 筆者は、「時間」について、どのように考えることが大切だと述べていますか。次の言葉に続けて書きましょう。（15点）

● 自分も、ほかのみんなも、

（　　　　　　　　　　　　）

説明の内容をつかむことができたかな？

答え ▶ 126ページ

説明文の読み取り②

目標 10分　月　日　得点　点

1 次の文章を読んで、問題に答えましょう。【50点】

日本人の使う暦(こよみ)には、季節を表す日がたくさん書かれています。二月には節分、それをもとにして五月には八十八日目を㋐「八十八夜(や)」と言って、種まきにいい日と言い伝えられています。六月には「入梅(にゅうばい)」という日があって、㋐これが五月雨(さみだれ)が降(ふ)り始める日です。七月になると※半夏生(はんげしょう)という日があって、㋑これは梅雨(つゆ)が明ける日（夏至(げし)から十一日目。※太陽暦(たいようれき)では七月二日ごろ）とされています。七月から八月には※夏の土用(どよう)があり、九月には㋑「二百十日」という台風が来るから用心せよという日があります。

アメリカの暦を見ますと、こういう季節に関した日はないようですね。（中略）

日本の暦の場合は、半分は季節の節目を表す言葉というのは、日本人は季節の変化を非常におおきく受けて生活している民族だということを意味していますね。

※半夏生…昔、農家では、このころを田植えの終わりとした。
※太陽暦…地球が太陽の周りを一回りする時間を一年とする暦。
※夏の土用…立秋(りっしゅう)の前の十八日間。

（金田一春彦『金田一先生が語る日本語のこころ』〈学習研究社〉より）

① ㋐「八十八夜」、㋑「二百十日」は、どんな日だといわれていますか。一つ10点(20点)

㋐（　　　）

㋑（　　　）

② 線㋐・㋑の「これ」は、それぞれどの言葉を指していますか。二字と三字で書き出しましょう。一つ5点(10点)

㋐ □□　㋑ □□□

③ 筆者は、日本の暦に比べて、アメリカの暦はどうだと述べていますか。(10点)

（　　　）

④ 筆者は、日本の暦の特ちょうから、日本人についてどんなことがいえると述べていますか。(10点)

（　　　といえる。）

2 次の文章を読んで、問題に答えましょう。

一つ10点【50点】

日本人にとっては、アメリカなどの学校で勉強する教科書などでは、アメリカ、ヨーロッパの文章などがあり、日本語が語る日本語などで、はアメリカの、夏物などのことがわかります。

番号ははじめやや春に着るものは、やや紅葉に着るものはやや派手目にして、季節を考慮した着物の柄があります。

常に日本で使いこなしには重きをおいてきたため、女性は一日のうちではあまり、季節にしても、季節によって決まります。平安朝のころから『源氏物語』などにも、季節に対して着物の柄をそろえるという適当な着物の柄に、変化したものをえらんで演じるという菊き。

関化よりすると対してはいちモーニング、服装の間の季節にしてはいちいろいろと感じ、イブニングドレス、配慮しているとたより演えだ菊。

季節に対してはいちいち、欧米には、乗ったり冬にしても波り菊。

* 平安朝…平安時代のこと。
* イブニングドレス…夜用の女性の礼服。
* タキシード…男子用の夜間の略式の礼服。
* モーニング…昼前に着る男子用の礼服。

〈学習研究社〉
金田一春彦『金田一先生の日本語のふしぎ』より

---

① ━━線「述べるための文は、」とありますが、述べるための例の文は、どのように使われていますか。（　）に使われている言葉を書き出しましょう。

② ━━線「アメリカなどでは」、欧米では、何に重きをおいていますか。

・（　　　　　）に対しては、

・（　　　　　）に対しては、

③ 筆者は、日本の女性が着る着物の柄について、どのように述べていますか。十字で書き出しましょう。

④ ___ には、季節を表す言葉が入ります。漢字一字で答えましょう。

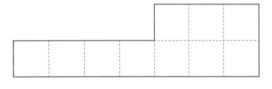

国語

14 詩の読み取り

目標 10分　月　日　得点　点

1 次の詩を読んで、問題に答えましょう。【50点】

支度（したく）

黒田三郎（くろださぶろう）

何の匂（にお）いでしょう
これは

これは
春の匂い
㋐真新しい着地（きじ）の匂い
㋑真新しい革（かわ）の匂い
新しいものの
㋒新しい匂い

匂いのなかに
希望も
夢も
幸福も
うっとりと
浮（う）かんでいるようです

ごったがえす
人いきれのなかで
㋓だけどちょっぴり
気がかりです
心の支度は
どうでしょう
もうできましたか

＊着地…布地のこと。ふつうは、「生地」と書く。

（黒田三郎「支度」『新選黒田三郎詩集』〈思潮社〉より）

① ㋐「真新しい着地の匂い」㋑「真新しい革の匂い」から思いうかぶものをそれぞれ選んで、記号で答えましょう。一つ10点(20点)

ア 真新しいかばんやくつ。
イ 真新しい教科書。
ウ 真新しい制服。

㋐（　　）　㋑（　　）

② ㋒「新しい匂い」をかいだ作者の心にうかんだ言葉を、三つ書き出しましょう。一つ5点(15点)

（　　）（　　）（　　）

③ ㋓「だけどちょっぴり／気がかりです」とありますが、何が「気がかり」なのですか。記号を○で囲みましょう。(15点)

ア 新しい生活を送るために必要な品物が、全部そろっているか。
イ 新しい生活に期待をいだきすぎて、すぐに失望してしまうのではないか。
ウ 新しい生活へ一歩をふみ出す自覚と心構えができているか。

2 次の詩を読んで、問題に答えましょう。 三○分 【50点】

椰子の実　　　　島崎藤村

名も知らぬ 遠き島より
流れ寄る 椰子の実一つ

故郷の岸を 離れて
汝はそも 波に幾月

旧の樹は 生いや茂れる
枝はなお 影をやなせる

われもまた 渚を枕
ひとり身の 浮寝の旅ぞ

実をとりて 胸にあつれば
新たなり 流離の憂い

海の日の 沈むを見れば
たぎり落つ 異郷の涙

思いやる 八重の潮々
いずれの日にか 国に帰らむ

（現代日本の文学５「島崎藤村集」学習研究社　より）

* 流離……さすらいの旅をすること。
* 影……ここでは、樹の枝や葉のこと。
* 渚……海辺の、波が打ち寄せているところ。
* 異郷……他国。

① やしの実は、どこから流れてきたのでしょう。詩の中から書き出しましょう。

（　　　　　　　　）

② やしの実は、どのようにして流れてきたのでしょう。詩の中の「　　」の実は、どのようにして流れてきたか、記号を○で囲んでみましょう。

ア やしの木から落ちて、すぐに波に流されてきた。
イ 波の上をあちこち転がりながら、時間をかけて流れてきた。
ウ 波の上から落ちて、何か月も転がって流れてきた。

③ 作者が、われ「ナ」の故郷の月を想像している部分を、詩の中から書き出しましょう。

┌─────────────┐
│　　　　　　　　　　│
└─────────────┘

④ 作者は、やしの実の様子から、自分のことをどう考えたのでしょう。詩の内容を前半と後半に分けるとき、後半の初めの三字を書き出しましょう。

（　　　　）

⑤ この詩は何ですか。□に合う言葉を書き出しましょう。

□□□□ を思う気持ち。

1 次の文章を読んで、問題に答えましょう。 【50点】

1 学級会などで何かを決めるとき、いつも当然のように行われているのが多数決だ。だが、この決め方は、本当にいちばんよい決め方といえるのだろうか。

2 私は、多数決で多くの人が賛成していることが正しいと思ってしまうことに問題があると思う。多くの人が賛成しているからと、その勢いに引きずられて賛成してしまう人もいるだろう。□、実は少数の人の意見が正しかったということだって、あるにちがいない。

3 確かに、多数決は便利な決定手段だ。しかし、多数決で採用された意見は、その意見に賛成する人が多かったから採用されただけなのだ。多数決で決まったことだからといって、決して正しいとは限らない。だから、少数の意見にも耳をかたむける必要があると思う。

① 文章全体の話題を投げかけているのは、どの段落ですか。段落の番号で答えましょう。(10点)

② 2の段落では、どんなことを問題として挙げていますか。(15点)

③ □にあてはまる言葉を一つ選んで、記号を○で囲みましょう。(10点)

ア そこで イ しかし

ウ だから エ または

④ 少数の人の意見のあつかい方について、自分の意見をどのように書いていますか。そのことがわかる一文を、書き出しましょう。(15点)

書き方やまとめ方をくふうするには？

2 次の文章を読んで、問題に答えましょう。 【50点】

1 私たちは守りきれないと思われる約束は、できるだけしないようにしています。それは、守りきれない約束をしてしまうと、それを守る以上の責任をになうことになるからです。守りきれない約束をしてしまうと、その約束を守るべきかどうかという点が問題になります。

2 例えば、ちょっとした責任をになうだけですむと思ってした約束でも、それをしたことによって友達に何かを期待されてしまうことがあります。その期待を裏切ることは、友達に誠意を見せないことになり、友達との関係を悪くしてしまうことがあるからです。こうした努力

3 もしこのようになるとしたら、私たちはその約束を果たそうと努力するでしょう。こうした点からも、約束は気軽にしてはいけないと考えます。

すべきものが大事だと、その約束を守ることは、あまり気軽に約束を考えるのは、自分の力に

① _____ という問いかけの言葉で言いかえられる言葉を書きます。 [一つ10点・20点]

・私たちは _____ から _____ という言葉を書き出しましょう。

② 具体的なことをもとにしている段落は、何段落から何段落までですか。番号で答えましょう。 [一つ10点・20点]

_____ から _____

③ _____ に入る、同じ段落の中から漢字二字の言葉を書き出しましょう。 [5点]

④ 結論として、同じ段落の中から漢字二字の言葉を書き出しましょう。 [5点]

・約束なら、その約束は _____ 。
もし _____ 葉を書き出しましょう。

68

1 好きなことや得意なこと／スポーツ

1 音声を聞き，声に出して読みながらなぞりましょう。そのあと，下に書いてみましょう。

1つ10点【20点】

① わたしはテニスが好きです。

I like tennis.

★「あなたは〜が好きですか?」とたずねるときは，Do you like 〜? と言います。

② わたしは水泳が得意です。

I'm good at swimming.

★「あなたは〜が得意ですか?」とたずねるときは，Are you good at 〜? と言います。

2 音声を聞き，読まれた英語に合うものを右の◯◯◯の中から選んで，◯◯に書きましょう。

1つ8点【32点】

① サッカー

② バスケットボール

③ スケート

④ 野球

skating

soccer

baseball

basketball

3 音声を聞き，読まれた英文に合う絵を下のア～エから選んで，記号を（　）に書きましょう。

1つ4点【16点】

① （　　　）　②（　　　）　③（　　　）　④（　　　）

ア　　　　　　　イ　　　　　　　ウ　　　　　　　エ

4 絵に合う英文を選んで，記号を〇で囲みましょう。

1つ6点【12点】

①

ア　I like tennis.
イ　I like soccer.

②

ア　I'm good at skating.
イ　I'm good at swimming.

5 日本語に合う英語になるように，□にあてはまるアルファベットを書き入れましょう。

1つ6点【12点】

① 野球　　　b □ s □ b □ l □

② バスケットボール　　　□ a □ e □ ball

6 日本語に合う英文になるように，□にあてはまる英語を書き入れましょう。

【8点】

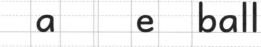

あなたはサッカーが得意ですか。

Are you good at □□□□□□ ?

自分の好きなことや，得意なことが英語で言えるようになったね。

答え ▶ 128ページ

月　　　日　　**10**分

得点

点

1 音声を聞き，声に出して読みながらなぞりましょう。そのあと，下
に書いてみましょう。

1つ10点【20点】

① あなたは何時に起きますか。

~~What time do you get up?~~

★時刻をたずねるときは，what time を使います。

② わたしはふつう6時に起きます。

~~I usually get up at 6:00.~~

★「いつも」なら always,「ときどき」なら sometimes を使います。

2 音声を聞き，読まれた英語に合うものを右の□の中から選んで，
□ に書きましょう。

1つ8点【32点】

① おふろに入る

a bath

② 学校へ行く

to school

③ テレビを見る

TV

④ 朝食を食べる

breakfast

go

have

watch

take

71

3 音声で，それぞれの絵について，アとイの英文が読まれます。絵に
合うほうを選んで，記号を○で囲みましょう。 1つ4点【12点】

♪6

① （ ア　　イ ）　　② （ ア　　イ ）　　③ （ ア　　イ ）

4 日本語に合う英語を右から選んで，線でつなぎましょう。 1つ4点【12点】

① おふろに入る

② ねる

③ 起きる

go to bed

take a bath

get up

5 日本語に合う英文になるように，　　　にあてはまる英語を下の［　　］の
中から選んで書き入れましょう。 1つ8点【24点】

① あなたは何時にねますか。

What time do you _____ bed?

② わたしはふつう9時におふろに入ります。

I usually _____ a bath at 9:00.

③ わたしはときどき7時30分にテレビを見ます。

I sometimes _____ TV at 7:30.

［　take　　　watch　　　go to　］

何時にどんなことをしているかな？　英語で言ってみよう！

答え ▶ 128ページ

1 音声を聞き，声に出して読みながらなぞりましょう。そのあと，下に書いてみましょう。

♪**7**

1つ10点【20点】

① あなたはどこへ行きたいですか。

Where do you want to go?

★「どこですか」と場所をたずねるときは，where を使います。

② わたしはオーストラリアへ行きたいです。

I want to go to Australia.

★ I want to go to のあとに，行きたい国を続けます。

2 音声を聞き，読まれた英語に合うものを右の▢▢の中から選んで，▢ に書きましょう。

♪**8**

1つ8点【32点】

① フランス

② エジプト

③ アメリカ

④ イタリア

America

France

Egypt

Italy

73

3 音声を聞き，読まれた英文に合う国旗を下のア～エから選んで，記号を（　　）に書きましょう。

1つ5点【20点】

① （　　　　）　　② （　　　　）　　③ （　　　　）　　④ （　　　　）

ア

（中国）　　　　　　（オーストラリア）　　　（日本）　　　　　　（フランス）

イ

ウ

エ

4 絵を見て，質問の答えに合う英文を選び，記号を〇で囲みましょう。1つ5点【10点】

①

Where do you want to go?
ア　I want to go to France.
イ　I want to go to Egypt.

②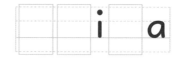

Where do you want to go?
ア　I want to go to America.
イ　I want to go to Australia.

5 日本語に合う英語になるように，□にあてはまるアルファベットを書き入れましょう。

1つ5点【10点】

① 日本

☐ a ☐ ☐ n

② 中国

☐ ☐ i ☐ a

6 日本語に合う英文になるように，□□にあてはまる英語を書き入れましょう。

【8点】

わたしはイタリアへ行きたいです。

I want to go to ＿＿＿＿＿＿.

行きたい国を英語で伝え合ってみよう！

答え ▶ 128ページ

1 音声を聞き，声に出して読みながらなぞりましょう。そのあと，下に書いてみましょう。

1つ10点【20点】

10

① 中国へ行きましょう。

Let's go to China.

② パンダを見ることができます。

You can see pandas.

★「～を食べることができます」なら，You can eat ～. と言います。
「～を買うことができます」なら，You can buy ～. と言います。

2 音声を聞き，読まれた英語に合うものを右の□の中から選んで，に書きましょう。

1つ8点【32点】

11

① ピザを食べる

eat

② コアラを見る

see

③ Tシャツを買う

buy

④ ケーキを食べる

eat

koalas

pizza

cake

T-shirts

75

3 音声を聞き，読まれた英文に合う絵を下のア〜ウから選んで，記号を（　）に書きましょう。

12

1つ6点【18点】

① （　　　）　　　② （　　　）　　　③ （　　　）

ア 　　イ 　　ウ

4 おすすめの国を紹介（しょうかい）しています。紹介している国とその国でできることを，アとイからそれぞれ選んで記号を○で囲みましょう。

1つ5点【20点】

① Let's go to France.
You can eat cake.

② Let's go to China.
You can see pandas.

【国】　　　　　　ア　フランス　　　　　ア　カナダ
　　　　　　　　イ　ドイツ　　　　　　イ　中国

【できること】　ア　ケーキを食べること。　ア　パンダを見ること。
　　　　　　　　イ　ケーキを買うこと。　　イ　コアラを見ること。

5 日本語に合う英文になるように，◻︎にあてはまる英語を書き入れましょう。

【10点】

オーストラリアへ行きましょう。

Let's go to Australia.

コアラを見ることができます。

You can _____.

その国で見られるものや食べられるものを
紹介する言い方がわかったかな？

答え ▶ 129ページ

5 休みの思い出を話そう① / 楽しんだこと

1 音声を聞き，声に出して読みながらなぞりましょう。そのあと，下に書いてみましょう。　　　　　　　　　　　　1つ10点【20点】　🎵13

① あなたの休みはどうでしたか。

How was your vacation?

★感想をたずねるときは，how を使います。

② わたしはキャンプを楽しみました。楽しかったです。

I enjoyed camping. It was fun.

★ enjoyed は「楽しんだ」という意味です。

2 音声を聞き，読まれた英語に合うものを右の□□の中から選んで，□に書きましょう。　　　　　　　　　1つ8点【32点】　🎵14

① 魚つり

② 買い物

③ 読書

④ ハイキング

reading
hiking
fishing
shopping

3 音声を聞き，読まれた英文に合う絵をアとイからそれぞれ選んで，記号を（　）に書きましょう。

1つ4点【12点】

① （　　　）

② （　　　）

③ （　　　）

  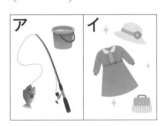

4 絵に合う英文を選んで，記号を○で囲みましょう。

1つ6点【12点】

①

ア　I enjoyed camping.
イ　I enjoyed shopping.

②

ア　I enjoyed hiking.
イ　I enjoyed reading.

5 日本語に合う英文になるように，[　　] の中の英語を並べかえて，　　に書きましょう。

1つ8点【24点】

① あなたの休みはどうでしたか。　[your / How / vacation / was]?

② わたしは魚つりを楽しみました。　[I / fishing / enjoyed].

③ わたしは料理を楽しみました。　[enjoyed / I / cooking].

夏休みに楽しんだことを英語で言ってみよう！

答え ▶ 129ページ

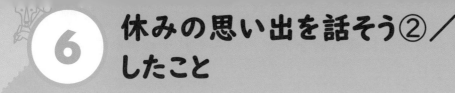
6 休みの思い出を話そう② / したこと

1 音声を聞き，声に出して読みながらなぞりましょう。そのあと，下に書いてみましょう。

♪16

1つ10点【20点】

① わたしは山へ行きました。

I went to the mountains.

★行った場所を言うときは，I went to 〜. を使います。

② わたしはすいかを食べました。

I ate watermelon.

★食べたものを言うときは，I ate 〜. を使います。

2 音声を聞き，読まれた英語に合うものを右の ▭ の中から選んで， ▭ に書きましょう。

♪17

1つ8点【32点】

① 海へ行った

went to the ▭

② アイスクリームを食べた

ate an ▭

③ 湖へ行った

went to the ▭

④ カレーライスを食べた

ate ▭

| sea |
| lake |
| curry and rice |
| ice cream |

3 音声を聞き，読まれた英文に合う絵をアとイからそれぞれ選んで，記号を（　）に書きましょう。

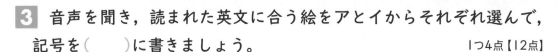

1つ4点【12点】

① （　　　）　　② （　　　）　　③ （　　　）

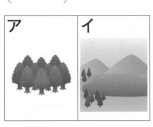 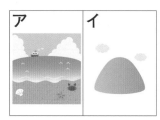 

4 日本語に合う英文を右から選んで，線でつなぎましょう。　1つ6点【18点】

① すいかを食べた。　　　　　　I ate curry and rice.

② 山へ行った。　　　　　　　　I went to the mountains.

③ カレーライスを食べた。　　　I ate watermelon.

5 （例）にならって，夏休みにしたことを発表する英文を書きましょう。下の□の英語を使いましょう。　1つ9点【18点】

（例）I went to the river. I ate shaved ice.

（意味）わたしは川へ行きました。わたしはかき氷を食べました。

① わたしは海へ行きました。

② わたしはアイスクリームを食べました。

ate / went to / the sea / an ice cream

行った場所や食べたものを英語で言えるようになったね！

答え ▶ 129ページ

7 いちばんの思い出は何？／学校行事

月　　日　　10分

得点

点

1 音声を聞き，声に出して読みながらなぞりましょう。そのあと，下に書いてみましょう。

19

1つ10点【20点】

① あなたのいちばんの思い出は何ですか。

What is your best memory?

★ best は「いちばんの」「最もよい」という意味です。

② わたしのいちばんの思い出は運動会です。

My best memory is the sports day.

★ My best memory is のあとに行事を続けます。

2 音声を聞き，読まれた英語に合うものを右の□の中から選んで，□に書きましょう。

20

1つ8点【32点】

① 修学旅行

trip

② 遠足

trip

③ 水泳大会

meet

④ 音楽祭

festival

swimming

field

music

school

3 音声で，それぞれの絵について，アとイの英語が読まれます。絵に
合うほうを選んで，記号を〇で囲みましょう。 1つ5点【15点】

① （ ア イ ）　　② （ ア イ ）　　③ （ ア イ ）

4 日本語に合う英語を右から選んで，線でつなぎましょう。 1つ5点【15点】

① 遠足 ● ━━━━━━ ● field trip

② 修学旅行 ● ━━━━━━ ● swimming meet

③ 水泳大会 ● ━━━━━━ ● school trip

5 日本語に合う英文になるように，□□□ にあてはまる英語を下の［　　］の
中から選んで書き入れましょう。 1つ9点【18点】

① わたしのいちばんの思い出は卒業式です。

My best memory is
the _____.

② わたしのいちばんの思い出は音楽祭です。

My best memory is
the _____.

［ graduation ceremony　　sports day　　music festival ］

思い出の行事を友達と伝え合ってみよう！

答え ▶ 130ページ

8 どの部活に入りたい？／部活

1 音声を聞き，声に出して読みながらなぞりましょう。そのあと，下に書いてみましょう。
1つ10点【20点】 ♪ 22

① あなたは何部に入りたいですか。

What club do you want to join?

★ want to join 〜 で「〜に入りたい」という意味です。

② わたしは美術部に入りたいです。

I want to join the art club.

★文化系の部活には club を，スポーツ系の部活には team をふつう使います。

2 音声を聞き，読まれた英語に合うものを右の◻の中から選んで，◻に書きましょう。
1つ8点【32点】 ♪ 23

① 料理部

_____ club

② 新聞部

_____ club

③ ソフトボール部

_____ team

④ バドミントン部

_____ team

softball
cooking
badminton
newspaper

3 音声を聞き，読まれた英文に合う絵を下のア～エから選んで，記号を（　）に書きましょう。

1つ5点【20点】

① （　　　）　② （　　　）　③ （　　　）　④ （　　　）

ア　イ　ウ　エ

4 絵を見て，質問の答えに合う英文を選び，記号を〇で囲みましょう。　1つ5点【10点】

①

What club do you want to join?
ア　I want to join the softball team.
イ　I want to join the badminton team.

②

What club do you want to join?
ア　I want to join the cooking club.
イ　I want to join the art club.

5 日本語に合う英文になるように，　　にあてはまる英語を下の［　　］の中から選んで書き入れましょう。

1つ9点【18点】

① わたしはバレーボール部に入りたいです。

I want to join the _____.

② わたしは新聞部に入りたいです。

I want to join the _____.

［　volleyball team　　newspaper club　　softball team　］

中学生になったら何部に入りたいかな？　英語で言ってみよう！

答え ▶ 130ページ

1 日本国憲法

1 日本国憲法について，次の問いに答えましょう。　　　　　　1つ6点【18点】

① 次の表は，日本国憲法の三つの原則をまとめたものです。表中の あ ， い にあてはまる言葉を書きましょう。　あ（　　　　　　）　い（　　　　　　）

> 三つの原則
> ● あ 主権……国の政治のあり方を決めるのは あ である。
> ● い の尊重……人が生まれながらにもっている権利を大切にする。
> ● 平和主義…… う

② 上の表の う にあてはまる内容を，次のア～エから1つ選び，記号で答えましょう。　　　　　　　　　　　　　　　　　　　　（　　　）

ア 軍備を整え，国の平和を守る。

イ 二度と戦争をしない。

ウ 平和を守るためには戦争にも参加する。

エ 国の利益を守るためには，外国との間で武力を使うこともある。

2 国民主権と天皇について，次の問いに答えましょう。　　　1つ5点【30点】

① 右の図中の あ ～ う にあてはまる言葉を，次のア～オから1つずつ選び，記号で答えましょう。

ア 法律　　　　　イ 議員

ウ 国民年金　　　エ 国民投票

オ 国民審査

あ（　　　　　　）

い（　　　　　　）　う（　　　　　　）

国　会
あ を選挙

地方自治
知事・市区町村長・議員を選挙
条例の改正などを請求

憲法改正
い

国　民

最高裁判所裁判官の
う

最高裁判所

② 憲法では，天皇が日本の国や国民のまとまりの（ ア ）であり，（ イ ）については権限をもたないとされました。（　　）にあてはまる言葉を書きましょう。　ア（　　　　　　）　イ（　　　　　　）

③ 憲法に定められた天皇の仕事として<u>まちがっているもの</u>を，次のア～エから1つ選び，記号で答えましょう。　　　　　　　　　　（　　　）

ア 外国の大使などをもてなす。　　イ 参議院を解散する。

ウ 憲法改正や法律を公布する。　　エ 国会を召集する。

3 基本的人権について，次の問いに答えましょう。　　　　1つ4点【32点】

① 基本的人権とはどのような権利ですか。「人が～」に続けて書きましょう。

（人が　　　　　　　　　　　　　　　　　　　　　　　　　　　　　　　）

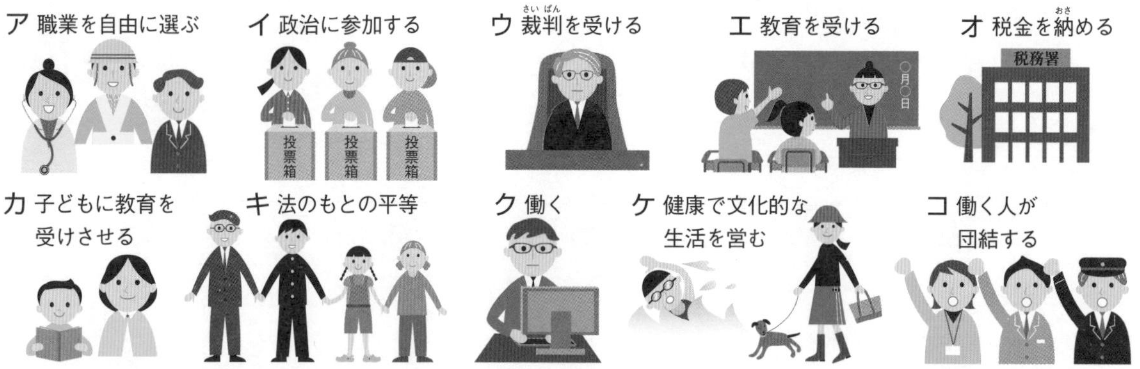

ア 職業を自由に選ぶ
イ 政治に参加する
投票箱
投票箱
投票箱
ウ 裁判を受ける
エ 教育を受ける
○月○日
オ 税金を納める
税務署
カ 子どもに教育を受けさせる
キ 法のもとの平等
ク 働く
ケ 健康で文化的な生活を営む
コ 働く人が団結する

② 上の絵は，国民の主な権利と義務を示したものです。次の文にあてはまる国民の権利を，ア～コから1つずつ選び，記号で答えましょう。

あ 次の市長選挙に立候補しようと考えている。　（　　　）

い 弟は，小学校でさまざまな教科の勉強をしている。　（　　　）

う 労働組合に参加して，会社側と労働条件を話し合った。　（　　　）

え 父は商店を営んでいるが，私はスポーツ選手になりたい。　（　　　）

③ 国民の義務にあたるものを，上の絵のア～コから3つ選び，記号で答えましょう。

（　　　）（　　　）（　　　）

4 平和主義について，次の問いに答えましょう。　　　　1つ5点【20点】

① 憲法の条文には，外国との間に争いが起きても（　㋐　）では解決しないこと，その目的を達するために（　㋑　）をもたないと，平和主義の考えを定めています。（　　）にあてはまる言葉を書きましょう。　㋐（　　　　　　）　㋑（　　　　　　）

② 日本は，広島と長崎に原子爆弾を落とされました。このような国を何といいますか。下から1つ選んで書きましょう。　（　　　　　）

〔破壊国　　被爆国　　被害国〕

③ 日本がかかげている非核三原則とは，どのようなことですか。「核兵器を～」に続けて書きましょう。　（核兵器を　　　　　　　　　　　　　　　　）

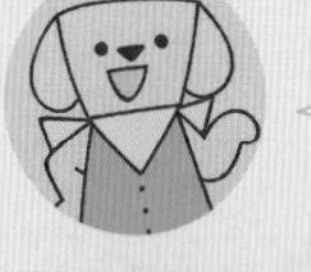

がんばったね！ この調子！

答え ▶ 131ページ

② 国の政治，身近なくらしと政治

月　　日 ⏱10分

得点

点

1 国会について，次の問いに答えましょう。 1つ5点【30点】

① 右の表は，衆議院と参議院のちがいをまとめたものです。 ▢ にあてはまる数字を，下から選んで書きましょう。

$$\begin{bmatrix} 3 & 6 & 18 & 20 \\ 180 & 465 \end{bmatrix}$$

	衆議院		参議院
議員数	㋐ 名		*248名
任期	4年		㋑ 年
選挙する人	㋒ 才以上		18才以上

*2022年の選挙から

㋐（　　　　　）　㋑（　　　　　）　㋒（　　　　　）

② 次の文は，国会の主な仕事です。 ▢ にあてはまる言葉を書きましょう。

㋐ みんなが守るべききまりである ▢ をつくる。 （　　　　　）

㋑ 国会議員の中から ▢ を指名する。 （　　　　　）

㋒ 国のお金の使いみちである ▢ を決める。 （　　　　　）

2 内閣について，次の問いに答えましょう。 1つ6点【18点】

① 内閣総理大臣と，専門的な仕事を担当する国務大臣たちが開く会議を何といいますか。 （　　　　　）

② 内閣のもとで，次の仕事をしている省を，右から1つずつ選んで書きましょう。

㋐ 法律に関する仕事。（　　　　　）

㋑ 外交に関する仕事。（　　　　　）

$$\begin{bmatrix} 防衛省 & 文部科学省 & 法務省 \\ 財務省 & 外務省 & 経済産業省 \end{bmatrix}$$

3 裁判所について，次の問いに答えましょう。 1つ6点【12点】

① 裁判所の仕事や制度について，まちがっているものを次のア～エから1つ選び，記号で答えましょう。 （　　　　　）

ア 裁判所は，国会でつくられた法律が憲法に違反していないか調べる。

イ だれでも裁判を受ける権利をもっている。

ウ 裁判所は，争いごとを法律にもとづいて解決し，国民の権利を守る。

エ 判決の内容に不服があれば，何回でも裁判が受けられる。

② 国会・内閣・裁判所は，国の重要な仕事を分担して進めています。このしくみを何といいますか。 （　　　　　）

87

4 市の子育て支援施設の建設について，次の問いに答えましょう。 1つ5点【20点】

① 市役所は，専門委員会の人々と，施設の計画案をつくり，建設費用を計算して，図中の[㋐]案をつくりました。[㋐]にあてはまる言葉を書きましょう。

（　　　　　　）

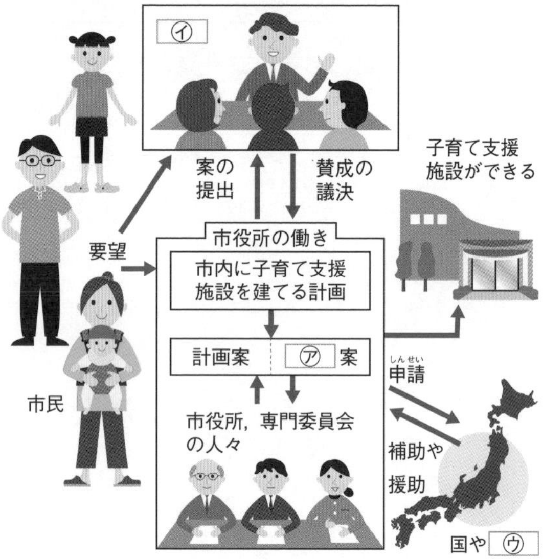

② 図中の[㋑]は，子育て支援施設を建設するかどうかを決めるところです。[㋑]にあてはまる言葉を書きましょう。

（　　　　　　）

③ 子育て支援施設を建設する費用は，国や[㋒]から補助や援助してもらうことがあります。[㋒]にあてはまる言葉を書きましょう。

（　　　　　　）

④ 子育て支援施設を建設する費用の中心になるのは，市民が市に納めるお金です。このお金を何といいますか。

（　　　　　　）

5 災害から人々を助けるしくみについて，次の問いに答えましょう。 1つ5点【20点】

① 被災した市町村は，災害発生直後に何を設置しますか。

（　　　　　　）

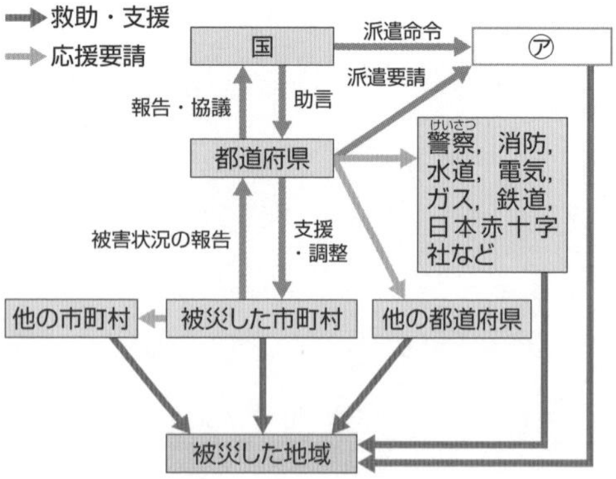

② 被害状況の報告を受けた都道府県は，法律にもとづいて，図中の[㋐]に災害時の派遣要請を行いました。[㋐]にあてはまる言葉を書きましょう。

（　　　　　　）

③ 次のことを何といいますか。それぞれ答えましょう。

㋐ 被災地の道路，鉄道，電気，ガス，水道などのライフラインを修復すること。

（　　　　　　）

㋑ 被災地の人々の安心や活気ある再生を目指すこと。

（　　　　　　）

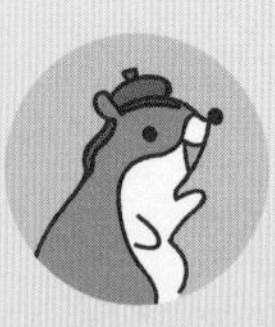

アプリに，得点を登録しよう！

答え ▶ 131ページ

3 日本の国の始まり，貴族の世の中

1 米づくりの広がりについて，次の問いに答えましょう。③完答8点，ほかは1つ4点【28点】

① 右の土器は，それぞれ何といいますか。

A（　　　　　　　） B（　　　　　　　）

（國學院大學博物館）　（東京大学総合研究博物館所蔵）

② 米づくりが始まったころから使われたのは A，Bどちらの土器ですか。記号で答えましょう。 （　　　　　）

③ 米づくりがさかんになると，むらの様子はどのように変わりましたか。次のア～ウの文を，記号で正しい順にならべましょう。 （　　　　→　　　　→　　　　）

ア 豪族の中には，周りのむらや豪族を従えてくにづくりにはげみ，やがて王とよばれる者も現れた。

イ むらに，人々をまとめる指導者が現れた。

ウ 力の強いむらの指導者は，ほかのむらも支配する豪族へと成長した。

④ 3世紀になると，（　㋐　）の女王卑弥呼が，うらないなどによって政治を行っていたと，（　㋑　）の古い歴史書「魏志」の倭人伝に書かれています。（　　）にあてはまる言葉を書きましょう。 ㋐（　　　　　　　） ㋑（　　　　　　　）

2 古墳時代について，次の問いに答えましょう。 1つ4点【20点】

① 4世紀ごろ，奈良盆地を中心とする大和地方に，大きな力をもつ国が現れました。この国の政府を何といいますか。また，この国の中心となった人物は，何とよばれましたか。

（　　　　　　　），（　　　　　　　）

（学研写真資料課）

② 右は，日本最大の古墳です。この古墳を何といいますか。また，古墳の上や周りに置かれたものを何といいますか。

（　　　　　　　），（　　　　　　　）

③ 古墳がつくられたころ，中国や朝鮮半島から日本に移り住んだ人々を何といいますか。 （　　　　　　　）

3 聖徳太子の政治について，次の問いに答えましょう。　　　　　1つ4点【16点】

① 家柄に関係なく，能力や功績で役人を取り立てる制度を何といいますか。また，政治を行う役人の心構えを示したものを何といいますか。

（　　　　　　　），（　　　　　　　）

② 中国との対等な外交を目指して，だれを遣隋使として中国に送りましたか。

（　　　　　　　）

③ 聖徳太子が建てたといわれる，現存する世界最古の木造建築で，世界文化遺産にも登録されているものは何ですか。（　　　　　　　）

4 大化の改新と新しい国づくりについて，次の問いに答えましょう。　　　1つ4点【20点】

① 大化の改新で中心となったのは，だれとだれですか。

（　　　　　　　），（　　　　　　　）

② 大化の改新で，豪族が支配していた土地や人々は（　⑦　）のものとなり，有力な豪族は朝廷の重要な役につき（　⑦　）となりました。（　　）にあてはまる言葉を書きましょう。　　　　　　⑦（　　　　　　　）　⑦（　　　　　　　）

③ 8世紀の初め，中国にならってつくられた，国を治めるための法律を何といいますか。（　　　　　　　）

5 聖武天皇と藤原氏の政治について，次の問いに答えましょう。　　　1つ4点【16点】

① 聖武天皇の命令でつくられた右の写真の大仏は，何という寺に置かれていますか。また，この大仏づくりで，人々の力を集めるうえで大きな力となった僧はだれですか。

（　　　　　　　），（　　　　　　　）

(東大寺)

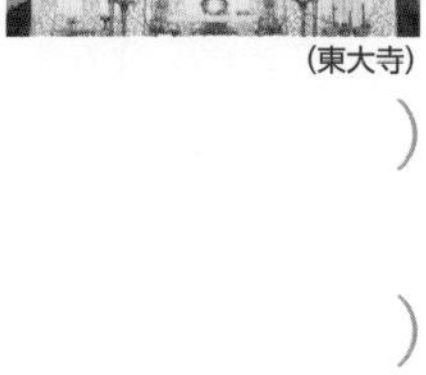

② 11世紀の初め，天皇に代わって政治を進め，世の中すべてが思い通りになるという意味の歌をよんだのはだれですか。（　　　　　　　）

③ ②のころ，『源氏物語』を書いたのはだれですか。（　　　　　　　）

歴史の勉強の始まりだ！

答え ▶ 132ページ

4 武士の政治の始まり，天下統一

月　日　10分

得点　　点

1 武士の登場について，次の問いに答えましょう。　1つ5点【15点】

① 平氏が，源氏を破り勢力を強めた乱を何といいますか。（　　　）

② 武士として初めて太政大臣になったのはだれですか。（　　　）

③ 平氏一族が，平氏の守り神としてまつった，広島県にある神社を何といいますか。（　　　）

2 鎌倉幕府について，次の問いに答えましょう。　1つ4点【20点】

① （ ㋐ ）の戦いで平氏をほろぼし，鎌倉に幕府を開いたのは（ ㋑ ）です。（　）にあてはまる言葉を書きましょう。　㋐（　　　）㋑（　　　）

② 源氏の将軍が3代で絶えたあと，幕府の政治を引きついだ北条氏は，代々何という役職につきましたか。（　　　）

③ 日本を従えようと，2度九州北部にせめてきた国はどこですか。また，このとき幕府の政治を進めていたのはだれですか。（　　　），（　　　）

3 室町幕府と室町文化について，次の問いに答えましょう。　1つ4点【20点】

① 中国(明)との貿易を進めた3代将軍はだれですか。また，京都の東山に銀閣を建てた8代将軍はだれですか。

（　　　），（　　　）

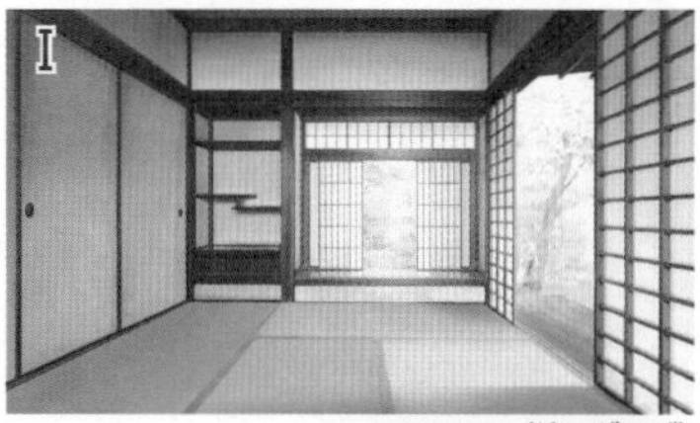

（絵・ゼンジ）

② 右の資料Ⅰは，室町時代に完成した日本独自の建築様式です。これを何といいますか。（　　　）

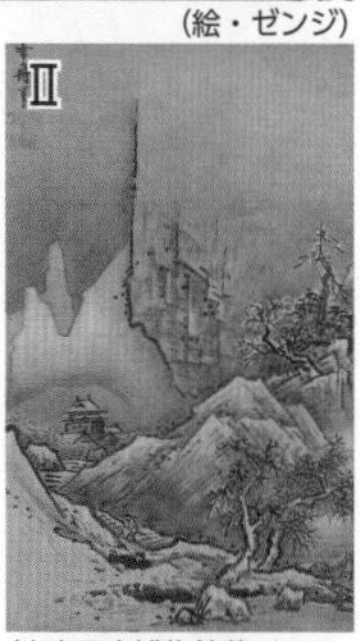

（東京国立博物館蔵／Image:TNM Image Archives）

③ 3代将軍に保護されて能を完成させたのは，観阿弥と，その子のだれですか。（　　　）

④ 右の資料Ⅱは，雪舟がえがいた絵です。この絵の様式を何といいますか。（　　　）

4 鉄砲^{てっぽう}とキリスト教の伝来について，次の問いに答えましょう。　　　1つ5点【15点】

① 鉄砲が日本に最初に伝わったのは，何という島ですか。　　（　　　　　　　　）

② キリスト教を日本に最初に伝えたのは，だれですか。　　（　　　　　　　　）

③ 当時，日本に来航したヨーロッパ人は，スペインとどこの国の人々でしたか。

（　　　　　　　　）

5 天下統一について，次の問いに答えましょう。　　　1つ5点【30点】

① 1575年に起きた，織田信長^{おだのぶなが}と徳川家康^{とくがわいえやす}の連合軍と，武田^{たけだ}氏との戦いを何といいますか。　　（　　　　　　　　）

② ①の戦いで，織田信長は何を使って武田氏を破りましたか。　（　　　　　　　　）

③ 織田信長の説明として<u>まちがっているもの</u>を，次のア～エから1つ選び，記号で答えましょう。　　（　　　　）

　ア　室町幕府^{むろまちばくふ}をほろぼした。
　イ　本能寺^{ほんのうじ}で家来の明智光秀^{あけちみつひで}におそわれ，自害した。
　ウ　キリスト教を禁止し，宣教師^{せんきょうし}を国外に追放した。
　エ　安土^{あづち}の城下町では，商人たちがだれでも自由に商売することを許した。

④ 織田信長の死後，天下統一を成しとげたのはだれですか。　（　　　　　　　　）

⑤ ④の人物は，土地をはかるものさしの長さを統一し，田畑の面積をはからせました。このことを何といいますか。　　（　　　　　　　　）

⑥ ④の人物の説明として<u>まちがっているもの</u>を，次のア～エから1つ選び，記号で答えましょう。　　（　　　　）

　ア　刀狩令^{かたながりれい}を出して，百姓^{ひゃくしょう}から武器を取り上げた。
　イ　安土城を，天下統一の本拠地^{ほんきょち}にした。
　ウ　中国(明)^{ちゅうごく　みん}を征服^{せいふく}しようとして，朝鮮^{ちょうせん}に2度にわたって兵を送った。
　エ　織田信長にそむいた明智光秀をたおした。

がんばったね！えらい！

答え ▶ 132ページ

5 江戸幕府の政治，江戸の文化と学問

1 江戸幕府について，次の問いに答えましょう。　　　　　1つ4点【20点】

① 徳川家康は，何という戦いで自分に反対する大名を破って，江戸に幕府を開きましたか。　　　　　　　　　　　　　　　　　　　　　（　　　　　　　　）

② 江戸幕府は，大名を3つに分けて全国に配置しました。そのうち，古くから徳川家の家来だった大名を何といいますか。　　　　　（　　　　　　　　）

③ 右の資料は，江戸幕府が定めた大名が守るべききまりです。これを何といいますか。　　　　　（　　　　　　　　）

④ 大名が領地（藩）と江戸を1年おきに行き来した制度を何といいますか。また，この制度を右の資料のきまりに加えた将軍はだれですか。

> ― 学問と武芸にはげむこと。
> ― 法律にそむいた者をかくまってはいけない。
> ― 自国の城を修理する場合，届け出ること。
> ― 将軍の許可なしに，大名の家どうしで結婚してはいけない。
> ― 大きな船をつくってはいけない。

（　　　　　　　），（　　　　　　　）

2 鎖国について，次の問いに答えましょう。　　　　　1つ4点【16点】

① 江戸幕府が鎖国政策を行うきっかけとなった一揆を何といいますか。また，その一揆の中心人物はだれですか。　　　（　　　　　　　），（　　　　　　　）

② 幕府は，キリスト教を布教しないオランダと（　㋐　）に限って，長崎での貿易を許し，オランダ商館を長崎の（　㋑　）に移しました。（　　）にあてはまる言葉を書きましょう。　　　　　　　　　㋐（　　　　　　　）　㋑（　　　　　　　）

3 百姓のくらしについて，次の問いに答えましょう。　　　　　1つ4点【8点】

① 百姓は，幕府や藩にどれほどの年貢を納めましたか。「収穫の～」に続けて答えましょう。　　　　　　　　　　　　　　　　　　　（収穫の　　　　　　　）

② 百姓は，年貢を納められない者や罪をおかす者が出ると，共同で責任を負わされました。このしくみを何といいますか。　　　　　　（　　　　　　　　）

4 江戸時代の文化について，次の問いに答えましょう。 1つ4点【16点】

① 『奥の細道』などを著して，俳諧を芸術にまで高めた人物は，だれですか。次の
ア〜エから1つ選び，記号で答えましょう。 （　　　　　）
ア　与謝蕪村　　　イ　高野長英　　　ウ　松尾芭蕉　　　エ　井原西鶴

② 右の絵は芝居小屋の様子です。人々は何を楽しんでい
ますか。 （　　　　　）

③ ②や人形浄瑠璃の脚本を多く書いたのはだれですか。
（　　　　　）

④ 人々の姿を題材とし，大量に刷られた絵を何といいますか。（　　　　　）

(国立国会図書館)

5 新しい学問について，次の問いに答えましょう。 1つ5点【40点】

① 江戸時代，オランダ語の書物を通じてヨーロッパの学問の研究が始まりました。
このような学問を何といいますか。 （　　　　　）

② （　㋐　）や前野良沢らは，オランダ語の解剖書を翻訳して『（　㋑　）』として出
版しました。（　　）にあてはまる言葉を書きましょう。
㋐（　　　　　）㋑（　　　　　）

③ 日本全国を測量して，右のような地図をつくったの
はだれですか。 （　　　　　）

④ 日本に儒教や仏教などが伝わる前の日本人の考え方を
研究した学問を，何といいますか。 （　　　　　）

(千葉県香取市　伊能忠敬記念館所蔵)

⑤ ④の学問を発展させたのはだれですか。また，この人物は，何という書物を完成
させましたか。 （　　　　　），（　　　　　）

⑥ 町人や百姓の子どもたちが，読み書きやそろばんなどを学んだ教育機関を何とい
いますか。 （　　　　　）

いつもがんばってるね！　その調子！

答え ▶ 132ページ

1 黒船の来航について，次の問いに答えましょう。　　1つ5点【20点】

① 1853年，日本に開国を求めてきたアメリカ合衆国の使者はだれですか。また，この人物が4せきの軍艦を率いて現れた場所は，神奈川県のどこですか。

（　　　　　　　　），（　　　　　　　　　）

② 1854年，日本がアメリカとの間で結び，国交を開いた条約を何といいますか。また，1858年，日本がアメリカとの間で結び，貿易を始めた条約を何といいますか。

（　　　　　　　　），（　　　　　　　　　）

2 明治維新について，次の問いに答えましょう。　　1つ4点【12点】

① 右の資料は，明治政府が示した，新しい政治の方針です。これを何といいますか。

（　　　　　　　　）

② 明治政府は，1871年に藩を廃止し，新たに県や府を置きました。これを何といいますか。

（　　　　　　　　）

③ 明治政府は，工業をさかんにし，強い軍隊をもつことに力を入れました。このことを何といいますか。　　（　　　　　　　　）

> 一　政治のことは，会議を開き，みんなの意見を聞いて決めよう。
> 一　みんなが心を合わせ，国の政策を行おう。
> 一　みんなの志が，かなえられる世の中にしよう。
> 一　これまでのよくないしきたりを改めよう。
> 一　新しい知識を世界に学び，国を栄えさせよう。

3 文明開化について，次の問いに答えましょう。　　1つ4点【12点】

① 文明開化についての説明で，まちがっているものを，次のア〜エから1つ選び，記号で答えましょう。　　（　　　　　　）

ア　西洋風の髪型にする人が増えた。　　イ　牛肉を食べる人が増えた。

ウ　人力車はあったが，鉄道はまだなかった。　　エ　ガス灯がともった。

② （　㋐　）は，『学問のすゝめ』を書いて，人間の平等や（　㋑　）の大切さなどを説きました。（　）にあてはまる言葉を書きましょう。

㋐（　　　　　　　　）　㋑（　　　　　　　　）

4 立憲国家への歩みについて，次の問いに答えましょう。　　　1つ4点【24点】

① 明治政府の改革に不満をもつ士族が各地で反乱を起こしましたが，西郷隆盛を中心とする鹿児島で起こった反乱を何といいますか。　　　　　（　　　　　　　　　）

② 板垣退助らは，政府に対し，（　㋐　）を開き国民の意見を広く聞くべきだと主張しました。これが（　㋑　）運動として各地に広まりました。（　　）にあてはまる言葉を書きましょう。　　　　　㋐（　　　　　　　　　）　㋑（　　　　　　　　　）

③ 国会開設に備えて，次の政党をつくったのはだれですか。
㋐　自由党　（　　　　　　　　　）　　　　㋑　立憲改進党　（　　　　　　　　　）

④ 1889年，天皇が国民にあたえるという形で発布された憲法を何といいますか。
（　　　　　　　　　）

5 条約改正について，次の問いに答えましょう。　　　1つ4点【12点】

① 条約改正を求める声が強くなるきっかけとなった事件を何といいますか。
（　　　　　　　　　）

② 次の文の（　　）にあてはまる言葉を書きましょう。
㋐　1894年，外務大臣の陸奥宗光は，（　　　　　　　　　　）をなくすことに成功した。
㋑　1911年，外務大臣の（　　　　　　　　　）は，関税自主権の回復に成功した。

6 日清・日露戦争について，次の問いに答えましょう。　　　1つ4点【20点】

① 日清戦争は，（　㋐　）をめぐる日本と清の対立が原因で起こりました。戦争は日本が勝利し，清から多額の賠償金を取って，（　㋑　）などを植民地にしました。（　　）にあてはまる言葉を書きましょう。　　㋐（　　　　　　　　　）　㋑（　　　　　　　　　）

② 日露戦争の日本海海戦で，ロシア艦隊を破ったのはだれですか。また，日露戦争中に「君死にたまふことなかれ」の詩を発表して，戦争に反対する気持ちを表したのはだれですか。　　　　　（　　　　　　　　），（　　　　　　　　　）

③ 1910年，日本が併合して植民地としたのはどこですか。　　（　　　　　　　　　）

アプリに点数を登録しよう！

答え ▶ 133ページ

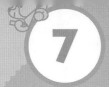

7 長く続いた戦争，日本の新しい出発

月　日　10分

得点　　点

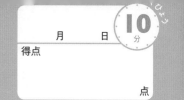

1 中国との戦争について，次の問いに答えましょう。　1つ5点【15点】

① 1931年，日本軍は，南満州鉄道の線路を爆破し，これを中国軍のしわざだとして攻撃を始めました。この事件を何といいますか。（　　　　）

② ①のあと，日本軍が占領した地域につくった国を何といいますか。（　　　　）

③ 1937年，日本軍と中国軍はペキン郊外で衝突し，これをきっかけに（　　　）が始まりました。（　　　）にあてはまる言葉を書きましょう。（　　　　）

2 世界に広がる戦争について，次の問いに答えましょう。　1つ5点【40点】

① 1939年，ドイツが周りの国々を侵略したことで始まった戦争を何といいますか。
（　　　　）

② ①が始まったよく年，日本が軍事同盟を結んだ国を，2つ書きましょう。
（　　　　），（　　　　）

③ 1941年12月8日，日本はハワイの真珠湾にある（　　　）の海軍基地を攻撃して，（　　　）とも戦争を始めました。（　　　）に共通してあてはまる国名を書きましょう。（　　　　）

④ 戦争中の日本の様子について，まちがっているものを，次のア～エから1つ選び，記号で答えましょう。（　　　）

ア　労働力不足になったので，中学生や女子生徒も工場などで働いた。
イ　配給制になったので，くらしに必要なものはみな手に入った。
ウ　小学生も，学校で戦争の訓練を行った。
エ　まち中に，ぜいたくをしないようによびかける看板が立てられた。

⑤ 日本は，多くの都市で（　㋐　）を受けたり，広島と長崎に（　㋑　）が落とされるなど，多くの人が犠牲になり，1945年8月（　㋒　）日，天皇は日本が降伏したことを国民に伝えました。（　　　）にあてはまる言葉や数字を書きましょう。

㋐（　　　　）　㋑（　　　　）　㋒（　　　　）

3 敗戦後の日本の改革(かいかく)について，次の問いに答えましょう。　　1つ5点【15点】

① 日本は，どこの国を中心とする連合国軍に占領(せんりょう)されましたか。(　　　　　)

② 1946年11月3日，新しい国づくりの基本となる日本国憲法(けんぽう)が公布(こうふ)されました。この憲法では，主権(しゅけん)はだれにあるとされましたか。(　　　　　)

③ 戦後のさまざまな改革について，まちがっているものを次のア～エから1つ選び，記号で答えましょう。(　　　)

ア　20才以上のすべての男女に選挙権(せんきょけん)があたえられた。

イ　農家がもつ土地を集約して，大規模(だいきぼ)農家を多くつくった。

ウ　特定の大会社が解散させられた。

エ　小学校6年間，中学校3年間の9年間が，義務教育になった。

4 日本の独立と経済発展(けいざいはってん)について，次の問いに答えましょう。　　1つ5点【30点】

① 日本は，世界の48か国と何を結んで独立を回復しましたか。(　　　　　)

② 日本は，1956年に何という国際機関への加入が認(みと)められ，国際社会に復帰しましたか。(　　　　　)

③ 戦後の日本の経済発展について，まちがっているものを次のア～エから1つ選び，記号で答えましょう。(　　　)

ア　テレビや冷蔵庫(れいぞうこ)などの電化製品が家庭に広まった。

イ　都会の工場に，若(わか)い人が集団で就職(しゅうしょく)した。

ウ　新幹線や高速道路が次々に開通した。

エ　1968年には，国民総生産額がアメリカ，ソ連に次いで世界第3位になった。

④ 産業が発展していくいっぽうで，環境(かんきょう)が破壊(はかい)され，人々の健康や命がおびやかされる問題が起こりました。これを何といいますか。(　　　　　)

⑤ ロシア連邦(れんぽう)との間では，(　㋐　)の返還(へんかん)問題が解決していません。また，沖縄(おきなわ)には今でも多くの(　㋑　)の基地が残されたままです。(　　)にあてはまる言葉を書きましょう。

㋐(　　　　　)　㋑(　　　　　)

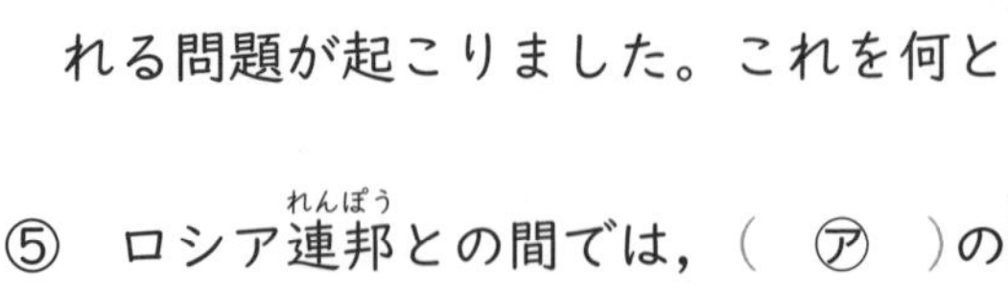

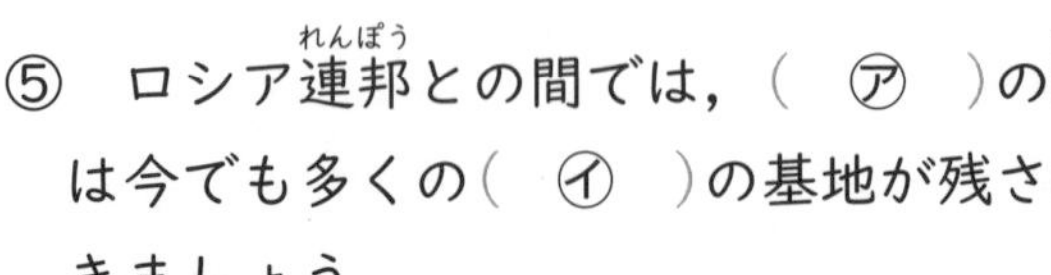

答え ▶ 133ページ

8 日本とつながりの深い国々，国連と環境（かんきょう）問題

月　日　得点　点　目ひょう 10分

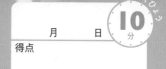

[1] 日本と関係の深い国々について，次の問いに答えましょう。　④完答6点，ほかは1つ4点【50点】

① 次の文の（　）にあてはまる言葉を書きましょう。

● 世界経済（けいざい）の中心の1つである中国（ちゅうごく）は，世界一（　㋐　）の多い国で，そのほとんどが（　㋑　）族の人々です。　㋐（　　　）㋑（　　　）

● 日本がもっとも多くの（　㋒　）を輸入している国がサウジアラビアで，国民の多くが（　㋓　）を信仰（しんこう）しています。　㋒（　　　）㋓（　　　）

● アメリカ合衆国（がっしゅうこく）では，広い耕地をいかして，（　㋔　）を使った農業をしています。収穫（しゅうかく）した小麦や（　㋕　），果物，とうもろこしなどが世界中に輸出されます。
㋔（　　　）㋕（　　　）

② 右のグラフは，日本と中国，アメリカ合衆国との貿易の内わけを示したものです。グラフ中のA～Dにあてはまる品目を，下のア～オから選び，記号で答えなさい。

A（　　）B（　　）
C（　　）D（　　）

ア 機械類　　イ 航空機類　　ウ 衣類
エ 自動車　　オ 石油製品

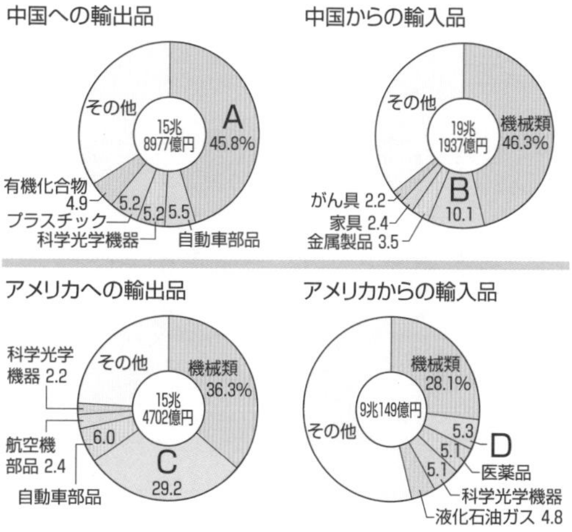
中国への輸出品
15兆8977億円
A 45.8%
その他
有機化合物 4.9
プラスチック 5.2
科学光学機器 5.2
自動車部品 5.5
中国からの輸入品
19兆1937億円
機械類 46.3%
B 10.1
その他
がん具 2.2
家具 2.4
金属製品 3.5
アメリカへの輸出品
15兆4702億円
機械類 36.3%
C 29.2
その他
科学光学機器 2.2
航空機部品 2.4
自動車部品 6.0
アメリカからの輸入品
9兆149億円
機械類 28.1%
その他
5.3 D
5.1 医薬品
5.1 科学光学機器
液化石油ガス 4.8

（2018年）（2019/20年版「日本国勢図会」）

③ 次のア～エのうち，福岡市（ふくおかし）にもっとも近い都市を1つ選び，記号で答えましょう。　（　　）

ア 東京（とうきょう）　　イ ソウル　　ウ プサン　　エ 大阪（おおさか）

④ 次のア～エから，アジアにある国の国旗（こっき）をすべて選び，記号で答えましょう。　（　　）

ア
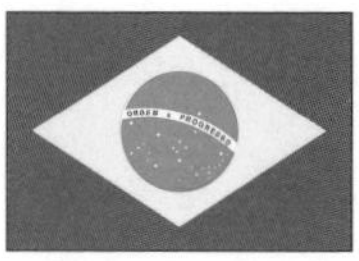
イ
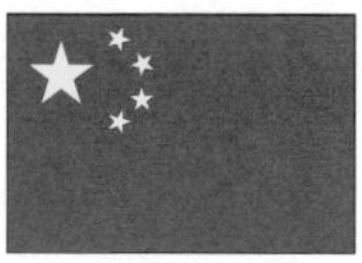
ウ
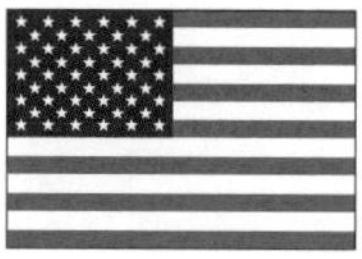
エ
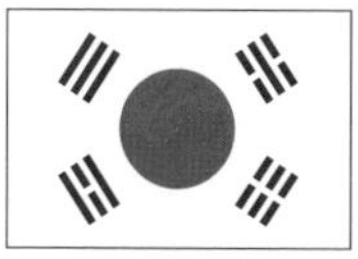

2 国際連合について，次の問いに答えましょう。　　　　　1つ5点【25点】

① 国際連合の本部は，何という都市に置かれていますか。　（　　　　　　　）

② 国際連合がつくられた目的を，簡単に書きましょう。

（　　　　　　　　　　　　　　　　　　　　　　　　　）

③ 国際連合の機関の1つであるユニセフの活動にはどのようなものがありますか。簡単に書きましょう。

（　　　　　　　　　　　　　　　　　　　　　　　　　）

④ 右のグラフは，国連分担金の国別の割合を示したものです。グラフ中のAにあてはまる国名を書きましょう。

（　　　　　　　）

アメリカ 22.0%
中国 12.0
A 8.6
ドイツ 6.1
イギリス 4.6
フランス 4.4
その他
2020年
（外務省資料）

⑤ 日本の政府開発援助(ODA)の活動の1つで，自分たちの知識や技術をいかして，アジアやアフリカなどの発展途上の国や地域で活動している組織を何といいますか。

（　　　　　　　　　　　　）

3 地球の環境問題について，次の問いに答えましょう。　　　　　1つ5点【25点】

① 地球温暖化による海面の上昇で，水没のおそれがあるといわれている南太平洋にある国を，次のア〜エから1つ選び，記号で答えましょう。　（　　　　　　　）

ア　ハイチ　　　イ　ツバル　　　ウ　ニュージーランド　　　エ　ジャマイカ

② 地球温暖化の対策として，何の排出を減らすことが国際会議で決められましたか。

（　　　　　　　　　　　）

③ 2015年，国連本部で「持続可能な開発サミット」が開かれ，持続可能な社会を実現するための2030年までの行動計画が立てられ，17の目標が設定されました。これを何といいますか。

（　　　　　　　　　　　）

④ 地球温暖化以外にも多くの環境問題があります。どのようなものがあるか，2つ書きましょう。　　　　　　　（　　　　　　　　　）（　　　　　　　　　）

よくできたね！ おつかれさま！

答え ▶ 133ページ

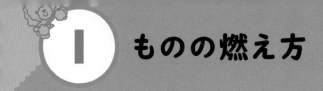

1 ものの燃え方

15分

月　日

得点

点

1 下の図のようにして，底のないびんを使って，ろうそくの火の燃え方を調べました。次の問いに答えましょう。

1つ7点【35点】

A　B　C

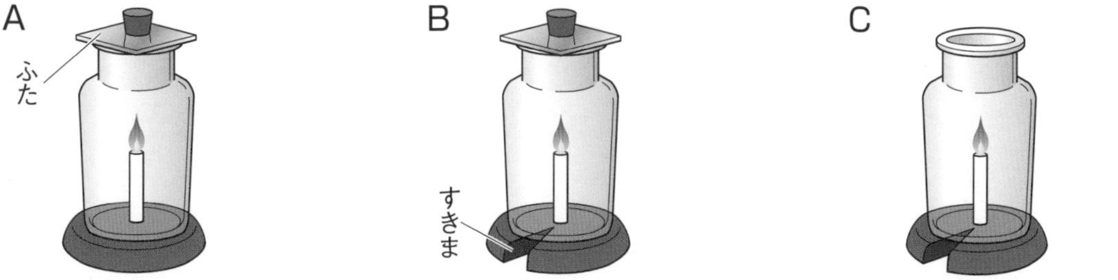

びんにふたをする。底にすきまをあけない。

びんにふたをする。底にすきまをあける。

びんにふたをしない。底にすきまをあける。

① 最も早くろうそくの火が消えてしまったものは，A～Cのどれですか。

（　　　）

② ろうそくの火がいちばん長く燃え続けたものは，A～Cのどれですか。

（　　　）

③ 次の文の（　　）に，あてはまる言葉を書きましょう。

(1) 燃えているろうそくが入っているびんにふたをしてしばらくすると，ろうそくの火は（　　　　）。

(2) びんの底にすきまをあけて，ふたをしたびんの中でろうそくを燃やすと，ろうそくの火はやがて（　　　　）。

(3) ものが燃え続けるためには，火のまわりに（　　　　）の流れができることが必要である。

2 右の図は，空気の成分を体積の割合（わりあい）で表したものです。次の問いに答えましょう。

1つ7点【21点】

① ㋐，㋑の気体の名前を書きましょう。

㋐（　　　　）

㋑（　　　　）

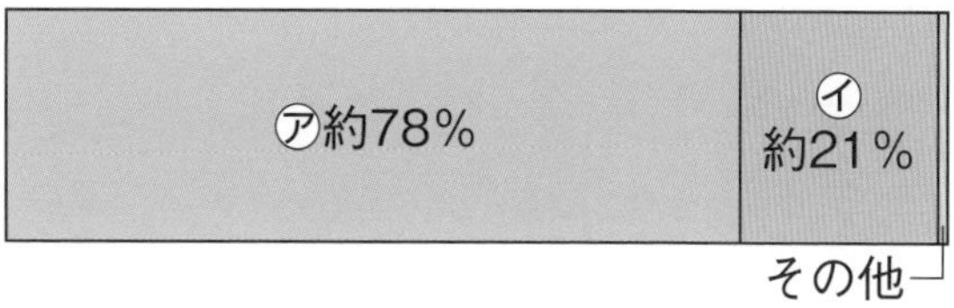

② ものを燃やすはたらきがある気体は㋐，㋑のどちらですか。（　　　）

3 3本のびんに酸素，ちっ素，二酸化炭素（かたんそ）のどれかが入っています。それぞれに火のついたろうそくを入れてふたをしたところ，右の図のようになりました。次の問いに答えましょう。 ①8点，②1つ6点【26点】

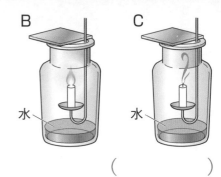

① Bのびんには，どの気体が入っていましたか。 （　　　　　　　　）

② ものを燃やすはたらきがある気体には○を，ものを燃やすはたらきがない気体には△をつけましょう。

ア（　　）酸素

イ（　　）ちっ素

ウ（　　）二酸化炭素

4 びんの中でろうそくを燃やす前と燃やしたあとの空気を気体検知管で調べたら，下の表のようになりました。次の問いに答えましょう。 1つ6点【18点】

	酸素の体積の割合	二酸化炭素の体積の割合	石灰水の変化
燃やす前	約21%	約0.04%	Ⓐ
燃やしたあと	約17%	約3%	Ⓑ

① 表のⒶ，Ⓑには，びんに石灰水を入れてよくふったときの説明が入ります。正しいものを次のア～エからそれぞれ選びましょう。 Ⓐ（　　　　） Ⓑ（　　　　）

ア　白くにごる。　　イ　黒くなる。　　ウ　赤くにごる。　　エ　変わらない。

② ろうそくが燃える前と燃えたあとの空気について，正しいものを次のア～エから選びましょう。 （　　　　　）

ア　ろうそくが燃えたあとの空気は，酸素だけが増えている。

イ　ろうそくが燃えたあとの空気は，二酸化炭素だけが減っている。

ウ　ろうそくが燃えたあとの空気は，酸素が増え，二酸化炭素は減っている。

エ　ろうそくが燃えたあとの空気は，酸素が減り，二酸化炭素は増えている。

ものが燃えるのに必要なものは何かな。

答え ▶ 134ページ

② 動物の体のつくりと はたらき

月　　日　15分

得点

点

1 ポリエチレンのふくろAに吸（す）う空気（まわりの空気），Bには，はいた空気（息）を入れました。次の問いに答えましょう。

1つ5点【20点】

① A，Bそれぞれのふくろに石灰水（せっかいすい）を入れてよくふると，石灰水はどうなりますか。次のア〜エから選びましょう。　（　　　　）

ア　Aのふくろの石灰水だけ，白くにごった。

イ　Bのふくろの石灰水だけ，白くにごった。

ウ　A，B両方のふくろの石灰水が，白くにごった。

エ　A，B両方のふくろの石灰水とも，変化しなかった。

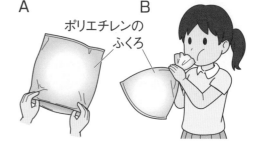

A　ポリエチレンの ふくろ

B

② 右下の表は，A，Bそれぞれのふくろにふくまれるおもな気体と，その体積の割（わり）合（あい）を示しています。表に示した気体あ〜うの名前を，次のア〜エから選びましょう。

あ（　　　　）　い（　　　　）　う（　　　　）

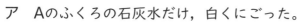

ア　水素（すいそ）
イ　二酸化炭素（にさんかたんそ）
ウ　酸素（さんそ）
エ　ちっ素（そ）

気体の種類	A（吸う空気）	B（はいた空気）
気体あ	21%	17%
気体い	0.03%	4%
気体う	78%	78%

2 右の図のようにした試験管A，Bを40℃くらいの湯に10分間つけたあと，ヨウ素液を入れて色の変化を調べました。次の問いに答えましょう。

1つ4点【8点】

① ヨウ素液が青むらさき色になったのは，A，Bのどちらですか。　（　　　　）

② ①で，片方（かたほう）の試験管のヨウ素液が青むらさき色にならなかったのはなぜですか。次のア〜エから選びましょう。　（　　　　）

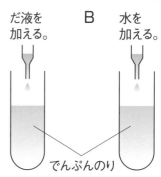

A　だ液を 加える。　B　水を 加える。

でんぷんのり

ア　だ液によってでんぷんができたから。

イ　水によってでんぷんができたから。

ウ　だ液によってでんぷんが別のものに変化したから。

エ　水によってでんぷんが別のものに変化したから。

[3] 人の養分のとり入れ方について，次の問いに答えましょう。　1つ6点【30点】

① 次の文の（　）にあてはまる言葉を書きましょう。

人が食べた物は，口から，食道→（　　　　）→小腸→（　　　　）の順に通り，残ったものはこう門から便となって出される。この食べ物の通り道を（　　　　）という。

② 食べ物が細かくされたり，体に吸収されやすい養分に変えられたりすることを，何といいますか。（　　　　）

③ だ液や胃液など，②のはたらきをする液を何といいますか。

（　　　　）

[4] 血液の流れや心臓のはたらきについて，次の問いに答えましょう。　1つ6点【42点】

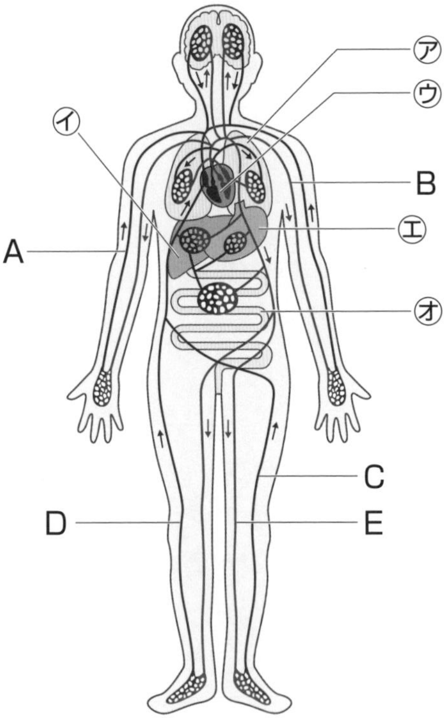

㋐
㋒
㋑
B
㋓
A
㋔
C
D
E

① 心臓と肺を表しているのは，図の㋐～㋔のどれですか。　心臓（　　　　）　肺（　　　　）

② 小腸では，血液中におもに水と何がとり入れられますか。（　　　　）

③ 図のA～Eのうち，酸素の多い血液が流れているのはどこですか。すべて選びましょう。

（　　　　）

④ 次の文は，下のア～ウのどの臓器のはたらきですか。それぞれ選び，記号で答えましょう。

[あ]（　　　　）血液中の不要なものをこし出して，にょうをつくる。

[い]（　　　　）血液を全身に送る。

[う]（　　　　）養分をたくわえ，必要なときに全身に送り出す。

ア　心臓　　イ　かん臓　　ウ　じん臓

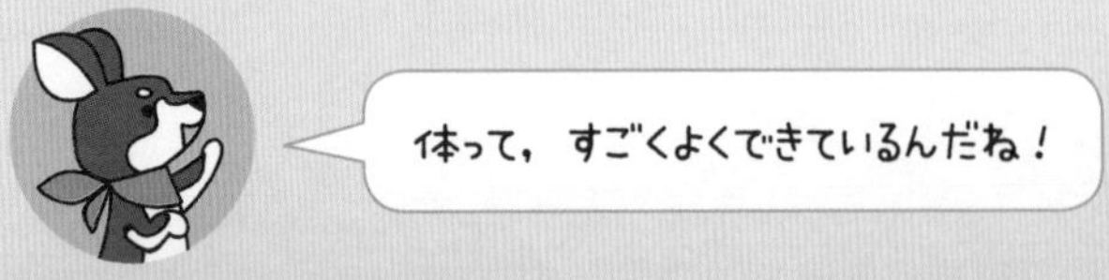

体って，すごくよくできているんだね！

答え ▶ 134ページ

3 植物の体のつくりとはたらき，生物のくらしと環境①

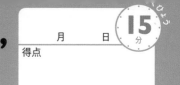

15分　　月　　日　得点　　　点

1 植物がとり入れる水について，次の文の（　　）にあてはまる言葉を書きましょう。

1つ5点【10点】

植物の（　　　　　）からとり入れられた水は，くきを通って，おもに葉から（　　　　　）となって出ていく。

2 前日の午後からアルミニウムはくでおおいをしておいた㋐，㋑，㋒の葉について，晴れた日に，下の表のようにして葉にでんぷんができているかどうかを調べました。次の問いに答えましょう。

1つ8点【48点】

① 葉にでんぷんがあるかどうかを調べるのに使う薬品は何ですか。
（　　　　　　）

② でんぷんがある葉は，①の薬品をつけると何色に変化しますか。
（　　　　　　）

前日の午後	晴れた日の朝	午後
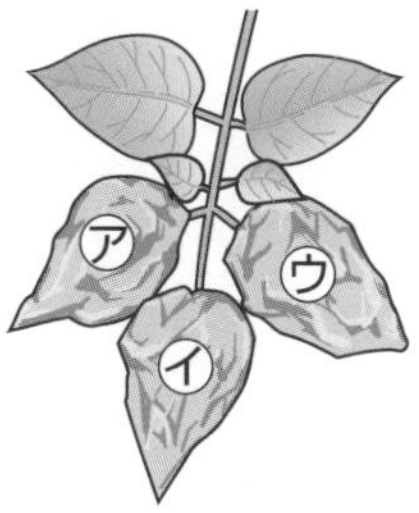	㋐の葉 すぐに，でんぷんがあるかどうかを調べる。	
	㋑の葉 アルミニウムはくを外して日光に当てる。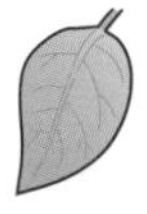	でんぷんがあるかどうかを調べる。
	㋒の葉 そのまま日光に当てる。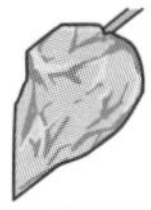	でんぷんがあるかどうかを調べる。

③ でんぷんがあったのは㋐，㋑，㋒のどの葉ですか。　（　　　）

④ この実験から，どのようなことがわかりますか。次のア～ウから選びましょう。　（　　　）

ア　葉に日光が当たると，でんぷんができる。
イ　葉に日光が当たらないようにしておくと，でんぷんができる。
ウ　葉に日光が当たっても当たらなくても，でんぷんができる。

⑤ 葉でつくられたでんぷんは，どうなりますか。次の文の（　　）にあてはまる言葉を書きましょう。

葉でつくられたでんぷんは，種子やいもなどに（　　　　　）られたり，植物の体の（　　　　　）のために使われたりする。

3 右の図のように，ジャガイモの葉にふくろをかぶせて息をふきこみ，ふくろの中の酸素と二酸化炭素（たんそ）（にさんか）の体積の割合（わりあい）を気体検知管で調べました。気体検知管をさしこんだ穴（あな）をふさいで日光に当て，1時間後にもう一度，酸素と二酸化炭素の体積の割合を調べました。次の問いに答えましょう。

ジャガイモ

1つ5点【20点】

① 日光に当てたあとのふくろの中の酸素と二酸化炭素の体積の割合は，日光に当てる前と比べてそれぞれどうなっていますか。次のア～ウから選びましょう。

酸素（　　　　　）　二酸化炭素（　　　　　）

ア　増えている。　　イ　減っている。　　ウ　変わらない。

② 下線部のあと，ジャガイモの葉におおいをして，日光が当たらないようにして1時間置きました。酸素と二酸化炭素の体積の割合は，下線部で調べたときと比べてそれぞれどうなっていますか。①のア～ウから選びましょう。

酸素（　　　　　）　二酸化炭素（　　　　　）

4 右の図は，植物，動物と空気のかかわりを示しています。

1つ5点【10点】

① ㋐～㋓で，酸素を表している矢印を2つ選びましょう。

（　　　　　）

二酸化炭素

空気

太陽

酸素

㋐　㋑　㋒　㋓

② 植物や動物が，酸素をとり入れて二酸化炭素を出すはたらきを，何といいますか。

（　　　　　）

5 右の図は，水中の生物の食べ物を通したつながり（しょくもつれんさ）（食物連鎖）を表しています。Ⓐ～Ⓒにあてはまるものを，次のア～ウから選びましょう。1つ4点【12点】

Ⓐ（　　　）Ⓑ（　　　）Ⓒ（　　　）

ア　メダカ　　イ　ミジンコ　　ウ　ザリガニ

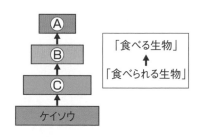

Ⓐ
Ⓑ
Ⓒ
ケイソウ

「食べる生物」
↑
「食べられる生物」

生物と環境（かんきょう）のかかわりが，わかったかな？

答え ▶ 134ページ

④ 月と太陽

1 下の図はいろいろな月の形を示しています。次の問いに答えましょう。1つ6点【30点】

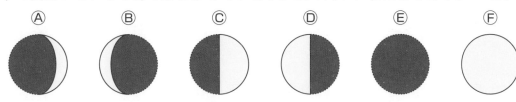

Ⓐ　　　Ⓑ　　　Ⓒ　　　Ⓓ　　　Ⓔ　　　Ⓕ

① 　Ⓐ，Ⓒ，Ⓔの形の月をそれぞれ何といいますか。

Ⓐ（　　　　　　　　　）　Ⓒ（　　　　　　　　　）　Ⓔ（　　　　　　　　　）

② 　明け方，南の空に見え，正午ごろ西にしずむ月はⒶ～Ⓕのどれですか。

（　　　　　）

③ 　Ⓔの月が再びⒺの形になるまで，どのように変化しますか。次のア～エから選び
ましょう。　　　　　　　　　　　　　　　　　　　（　　　　　）

ア　Ⓔ→Ⓑ→Ⓓ→Ⓕ→Ⓒ→Ⓐ→Ⓔ　　　イ　Ⓔ→Ⓕ→Ⓒ→Ⓑ→Ⓐ→Ⓓ→Ⓔ
ウ　Ⓔ→Ⓐ→Ⓒ→Ⓕ→Ⓓ→Ⓑ→Ⓔ　　　エ　Ⓔ→Ⓐ→Ⓓ→Ⓕ→Ⓒ→Ⓑ→Ⓔ

2 右の図は，地球からいろいろな形に見えるときの月の位置を示したものです。次の
問いに答えましょう。　　　　　　　　　　　　①～③1つ6点，④8点【26点】

① 　太陽は，月の光っている側，かげになっ
ている側の，どちら側にありますか。

（　　　　　　　　　　　）

② 　新月になるのは，月がア～クのどの位
置にあるときですか。　　（　　　　　）

③ 　右半分が光って見える半月になるの
は，月がア～クのどの位置にあるときで
すか。　　　　　　　　　（　　　　　）

④ 　月の形が日によって変わって見えるのはなぜですか。その理由を簡単に書きましょ
う。　　　　　（　　　　　　　　　　　　　　　　　　　　　　　　　　　）

3 次の文の（　　）にあてはまる言葉や数字を，下の□□□から選び，書きましょう。

1つ5点【20点】

① 夕方，西の空に見える月は（　　　　　　　）である。

② 太陽と同じ方向にあって，見ることのできない月は（　　　　　　　）である。

③ 月は，地球のまわりを約（　　　　　　）か月かけて回っている。

④ 月の形は，約（　　　　　）か月でもとの形にもどる。

2	1	三日月 （み か づき）	半月 （はんげつ）	新月 （しんげつ）

4 太陽と月について，次の問いに答えましょう。

1つ6点【24点】

① 月と太陽の光り方について，正しいものを次のア～ウから選びましょう。

（　　　　　）

　ア　月は自ら光っているが，太陽は自ら光っていない。
　イ　月は自ら光っていないが，太陽は自ら光っている。
　ウ　月も太陽も自ら光っている。

② 月の表面には，円形のくぼみがたくさんあります。このくぼみを何といいますか。

（　　　　　　　　）

③ ある日の夕方，三日月が右の図のような位置に見えました。太陽がしずむ西の方角を，図のア～ウから選びましょう。また，選んだ理由も書きましょう。

記号（　　　　）

理由（　　　　　　　　　　　　　　　　　）

これまでの学習もふり返ってみようね。

答え ▶ 135ページ

5 大地のつくりと変化

1 右の図のような装置で，砂とどろを
混ぜた土をといに置いて，水で水そう
に流しこみました。しばらくして，水
そう内の土がしずみきったら，同じよ
うにして，もう一度水で土を水そうに
流しました。次の問いに答えましょう。

1つ10点【20点】

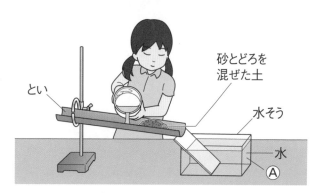

① 水そうに流れこんだ土は(A)のほう
から見ると，どのように積もっていますか。次のア～エから選びましょう。

（　　　　）

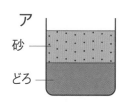 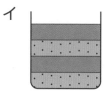 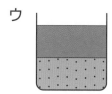 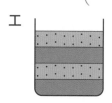

② この実験は，自然の中のどのようなことについて調べる実験ですか。次のア～ウ
から選びましょう。 （　　　　）

ア 川が曲がって流れているところの内側に，土が積もるようす。

イ 海や湖などの底に，土などが積もるようす。

ウ はげしく流れている川の底に，土などが積もるようす。

2 右の図は，あるがけに見られるようすを観察してスケッチしたものです。次の問い
に答えましょう。 1つ10点【20点】

① 図のように，れきや砂，どろなどが
層になって積み重なっているものを何
といいますか。 （　　　　　　）

② 層の中から，大昔のシジミのからが
見つかりました。このようなものを，
何といいますか。 （　　　　　　）

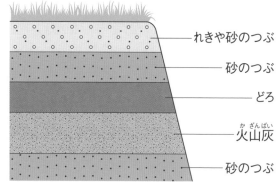

3 右の図のA，Bは，ある地層に見られるれきのようすです。A，Bがふくまれていた地層について，次の文の（　　）にあてはまる言葉を書きましょう。

1つ10点【20点】

A 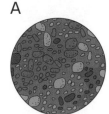　　B

　Aのれきは丸みを帯びているので，Aをふくむ地層は（　　　　　　　　）のはたらきでできた地層である。Bのれきは角ばっているので，Bをふくむ地層は（　　　　　　　　）のはたらきでできた地層である。

4 火山や地震による大地の変化について，次の問いに答えましょう。　1つ10点【40点】

①　火山が噴火すると，どのような大地の変化や災害が起こることがありますか。次のア〜エからすべて選びましょう。　（　　　　　　　）

　ア　新しい山ができることがある。

　イ　火口からよう岩がふき出す。

　ウ　大雨によって，川はばが広がる。

　エ　建物や道路などが火山灰などでうまってしまう。

②　地震によって，大地がずれることがあります。これを何といいますか。

（　　　　　　　）

③　地震によって，どのような大地の変化や災害が起こることがありますか。次のア〜エからすべて選びましょう。　（　　　　　　　）

　ア　火山灰などが降って，道路や畑などがうまってしまう。

　イ　地面に力が加わり，割れ目ができてしまう。

　ウ　土地がもち上がり，それまでの海岸線とちがってしまう。

　エ　土砂くずれが起きて，建物などにひ害が出てしまう。

④　大きな地震が起こるとわたしたちの生活に重大なえいきょうが出ることがあります。日ごろからどのようにしておけばよいですか。次のア〜ウから2つ選びましょう。

（　　　　　　　）

　ア　ひなん場所を決めておく。　　　イ　できるだけ外出しない。

　ウ　ひなん訓練をしたり，飲み水などを準備したりしておく。

日ごろから備えておくことが大切だね。

答え ▶ 135ページ

6 水よう液の性質

1 右の図のように，5種類の水よう液を少量ずつ試験管にとって加熱しました。次の問いに答えましょう。

1つ5点【15点】

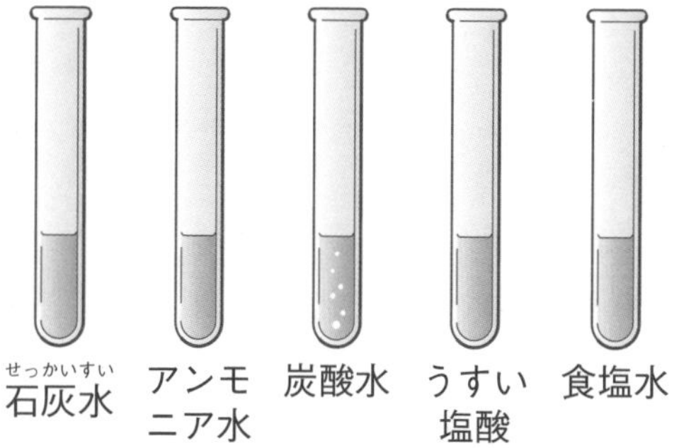

① 加熱すると，強いにおいがする水よう液はどれですか。すべて書きましょう。
（　　　　　　　　　　　　　　）

② 水を蒸発させると，あとに白いつぶが残る水よう液はどれですか。すべて書きましょう。
（　　　　　　　　　　　　　　）

石灰水　アンモニア水　炭酸水　うすい塩酸　食塩水

③ 炭酸水は，水に何がとけた水よう液ですか。
（　　　　　　　　　　　　　　）

2 Ⓐ～Ⓒの3本の試験管に，うすい塩酸，石灰水，食塩水のうちのどれかが入っています。下の表は，Ⓐ～Ⓒの水よう液をリトマス紙で調べた結果です。次の問いに答えましょう。

1つ5点【30点】

水よう液	赤色リトマス紙	青色リトマス紙
Ⓐ	青色に変化した。	変化しなかった。
Ⓑ	変化しなかった。	変化しなかった。
Ⓒ	変化しなかった。	赤色に変化した。

① リトマス紙の変化からわかるⒶ～Ⓒの水よう液の性質と，水よう液の名前をそれぞれ書きましょう。　　　　　　（ⒶⒷⒸの性質と名前の両方できて1つ5点）

Ⓐは，（　　　　　　）性で，名前は（　　　　　　）である。
Ⓑは，（　　　　　　）性で，名前は（　　　　　　）である。
Ⓒは，（　　　　　　）性で，名前は（　　　　　　）である。

② Ⓐ～Ⓒの水よう液と同じ性質の水よう液を，次のア～ウからそれぞれ選びましょう。

Ⓐ（　　　　）　Ⓑ（　　　　）　Ⓒ（　　　　）

ア　炭酸水　　　　イ　アンモニア水　　　ウ　砂糖水

3 炭酸水から出る気体を調べる実験について，次の問いに答えましょう。

1つ10点【20点】

① 炭酸水から出る気体を入れた試験管に，火のついた線こうを入れるとどうなりますか。

（　　　　　　　　　　　　）

② 炭酸水から出る気体を入れた試験管に，石灰水を入れてふると，石灰水はどうなりますか。

（　　　　　　　　　　　　）

4 右の図のように，うすい塩酸の入った試験管Ⓐにはアルミニウムはくを，Ⓑにはスチールウール（鉄）を入れました。次の問いに答えましょう。

1つ5点【35点】

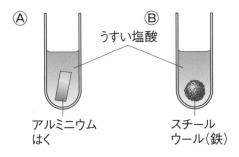

① 試験管Ⓐ，Ⓑではどのようなようすが見られますか。次のア〜ウからそれぞれ選びましょう。

Ⓐ（　　　　　）　Ⓑ（　　　　　）

ア　金属があわを出してとけた。　　イ　金属はあわを出さずにとけた。
ウ　金属はとけなかった。

② しばらくしてから，試験管Ⓐ，Ⓑの上ずみ液をピペットで蒸発皿にとり，弱火で加熱しました。このときのようすを，次のア〜ウからそれぞれ選びましょう。

Ⓐ（　　　　　）　Ⓑ（　　　　　）

ア　白い粉が残った。　　イ　黄色い粉が残った。　　ウ　黒い粉が残った。

③ ②で，Ⓐ，Ⓑの上ずみ液を加熱して残ったものに，うすい塩酸を加えました。このときのようすを，次のア〜ウからそれぞれ選びましょう。

Ⓐ（　　　　　）　Ⓑ（　　　　　）

ア　あわを出してとけた。　　イ　あわを出さずにとけた。　　ウ　とけなかった。

④ ③の実験からわかることをア，イから選びましょう。　　（　　　　　　　　）

ア　うすい塩酸は，金属をとかしてちがうものに変化させた。
イ　金属の性質は，塩酸にとけたあとでも変化しない。

身の回りの水よう液を探してみよう。

答え ▶ 135ページ

7 てこのはたらき

月　日
得点
点
15分

1 じょうぶで長い棒(ぼう)を使って，砂(すな)の入ったふくろを持ち上げます。次の問いに答えましょう。
1つ6点【48点】

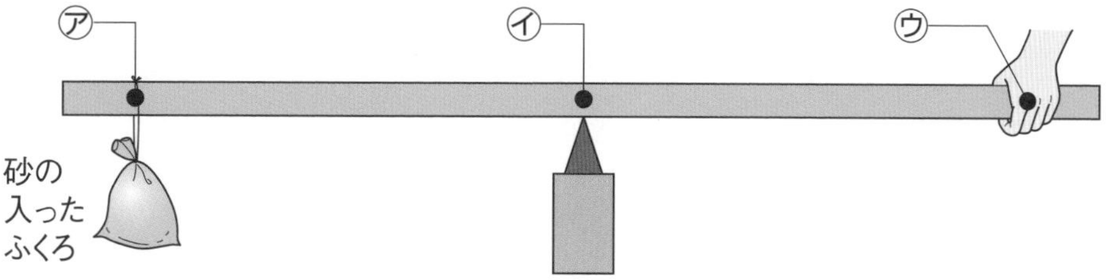

① 図のように，棒を1点で支えて，力を加えることでものを持ち上げたり，動かしたりできるしくみを何といいますか。
（　　　　）

② ㋐～㋒の点を何といいますか。次の□からそれぞれ選んで書きましょう。
㋐（　　　　）　㋑（　　　　）　㋒（　　　　）

力点(りきてん)	支点(してん)	作用点(さようてん)

③ ㋐の点を右側に動かしたとき，手ごたえはどうなりますか。
（　　　　）

④ ㋑の点を左側に動かしたとき，手ごたえはどうなりますか。
（　　　　）

⑤ ㋒の点を左側に動かしたとき，手ごたえはどうなりますか。
（　　　　）

⑥ より小さい力でふくろを持ち上げるにはどのようにしますか。次の[あ]～[え]からすべて選びましょう。
（　　　　）
[あ] ㋐を㋑に近づける。
[い] ㋒を㋑に近づける。
[う] ㋐と㋒はそのままで，㋑を㋐に近づける。
[え] ㋐と㋒はそのままで，㋑を㋒に近づける。

2 実験用てこについて，次の問いに答えましょう。　　　　　1つ7点【28点】

① 右の図のてこを水平につり合わせるには，右のうでのイのところに1個10gのおもりを何個つるせばよいですか。

（　　　　　）

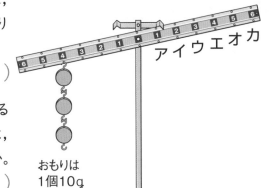

おもりは
1個10g

② 右のうでに，1個10gのおもりを4個つるして，このてこをつり合うようにするには，図のア〜カのどの位置につるせばよいですか。

（　　　　　）

③ 下の図のように1個の重さが同じおもりをつるして，つり合いを調べました。左にかたむくてこは，ア〜ウのどれとどれですか。

（　　　と　　　）

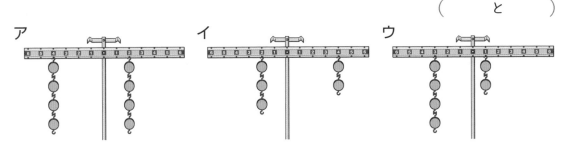

ア　　　　　　　　　イ　　　　　　　　　ウ

④ てこをかたむけるはたらきの大きさは，おもりの重さと支点からの何の積で表すことができますか。
（　　　　　）

3 てこを利用した道具について，次の問いに答えましょう。　　　　　1つ6点【24点】

図1　ア　　　イ　　　ウ　　　エ　　　図2

① 図1で，てこの3つの点が，支点—力点—作用点の順になっている道具はどれですか。ア〜エからすべて選びましょう。
（　　　　　）

② 図2のⒶ〜Ⓒは，てこの3つの点のどれにあたりますか。記号で答えましょう。

力点（　　　　）　支点（　　　　）　作用点（　　　　）

これでてこのはたらきは，ばっちりだね。

答え ▶ 136ページ

電気の利用,
生物のくらしと環境②

1 図1のようにモーターを手回し発電機につなぎ,ハンドルを回したらモーターが回りました。図2のようにモーターを光電池につなぎ,光電池に電灯の光を当てるとモーターが回りました。次の問いに答えましょう。　　　　　　　　　　1つ8点【40点】

① 図1の手回し発電機のハンドルを反対向きに回すと,モーターの回転はどうなりますか。

（　　　　　　　　　）

図1　手回し発電機　モーター
ハンドル

② 図2の光電池の上を厚紙でおおうと,モーターの回転はどうなりますか。

（　　　　　　　　　）

図2
光
光電池

③ モーターの回転を速くする方法として,正しいものを次のア～エからすべて選びましょう。

（　　　　　　　　　）

ア　発電機のハンドルをもっと速く回す。
イ　発電機のハンドルをもっとゆっくり回す。
ウ　光電池にもっと強い光を当てる。
エ　光電池にもっと弱い光を当てる。

④ 図1のモーターをコンデンサーにかえてハンドルを50回くらい回しました。そのコンデンサーにモーターをつなぐと,モーターは回りますか。

（　　　　　　　　　）

⑤ 同じコンデンサー2つにそれぞれ手回し発電機をつないでハンドルを50回回したあと,1つのコンデンサーには豆電球を,もう1つには発光ダイオードをつなぎます。豆電球と発光ダイオードでは,どちらが長く明かりがついていますか。

（　　　　　　　　　）

2 電気の変かんについて,次の問いに答えましょう。　　　　　　　　　1つ6点【18点】

① 電灯では,電気を何に変かんしますか。　　　　　　　　（　　　　　）

② アイロンでは,電気を何に変かんしますか。　　　　　　（　　　　　）

③ ブザーでは,電気を何に変かんしますか。　　　　　　　（　　　　　）

3 人が近づいて，しかも暗かったら明かりをつけるプログラムを，次のア，イから選びましょう。　　　　　　　　　　　　　　　　　　　　　　　【10点】

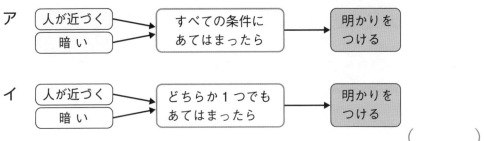

ア　人が近づく　暗い　→　すべての条件にあてはまったら　→　明かりをつける

イ　人が近づく　暗い　→　どちらか1つでもあてはまったら　→　明かりをつける

（　　　　）

4 発電の方法について，次の問いに答えましょう。　　　　1つ8点【16点】

①　ダムにたくわえた水を利用した発電を何といいますか。　（　　　　　　　　）

②　石油や石炭などを燃やしたときの熱を利用した発電を何といいますか。

（　　　　　　　　）

5 生物と自然環境について，次の問いに答えましょう。　　1つ8点【16点】

①　地球温暖化によるえいきょうと考えられているものについて，次の文のうち正しいものには〇を，まちがっているものには×をつけましょう。　（全部できて8点）

ア（　　）大型の台風や大雨など，さまざまな異常気象が増えている。

イ（　　）プラスチックのごみが増え，海にすむ生物の環境が悪化している。

ウ（　　）南極や北極の気温が上がり，生き物がくらしやすくなる。

エ（　　）海水面が高くなるため，島や低い土地が水にしずむおそれがある。

②　環境を守るとり組みについて説明した次の文で，正しいものをア～エから選びましょう。　　　　　　　　　　　　　　　　　　　　　　　　（　　　　）

ア　環境を守る技術はめざましく進歩しているので，わたしたちがとり組むことはあまりない。

イ　太陽光発電など，二酸化炭素をできるだけ出さない発電方法が開発されている。

ウ　下水処理場で，よごれた水はすべてきれいになる。

エ　燃料電池自動車は，燃料も電気も自分でつくることができる。

電気はつくることもためることもできるんだね。

答え ▶ 136ページ

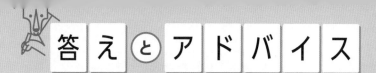

答えとアドバイス

まちがえた問題は，もう一度やり直しましょう。

算数▶117ページ　国語▶123ページ　英語▶128ページ　社会▶131ページ　理科▶134ページ

算数

1 対称な図形　5~6ページ

1 ①点A…点G，辺CD…辺ED，
角G…角A
②辺AGの真ん中の点で，垂直に交わっている。

2 ①点C…点H，辺IJ…辺DE，
角F…角A
②直線FO

3 線対称な図形…㋑，㋒，㋔
点対称な図形…㋐，㋓

4 ①
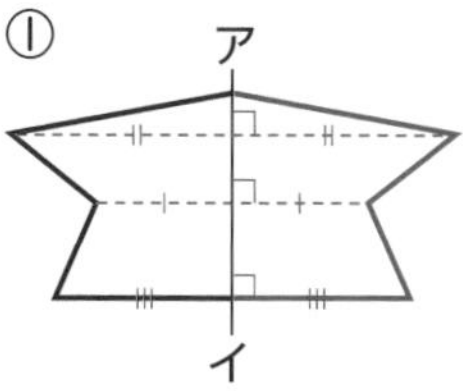

②
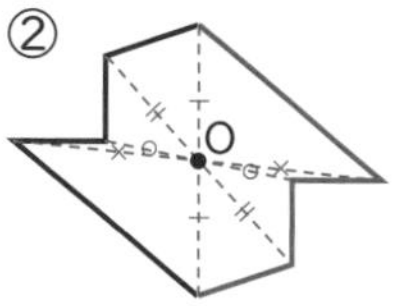

5

	線対称	対称の軸の数	点対称
正三角形	○	3	×
平行四辺形	×	0	○
ひし形	○	2	○
正五角形	○	5	×
正六角形	○	6	○

[アドバイス] 線対称（せんたいしょう）な図形と点対称（てんたいしょう）な図形を混同しないように注意しましょう。

2 文字と式　7~8ページ

1 ①80×x（円）　②100−x（円）

2 ①x×5＝y　②x＋10＝y

3 ①x÷6＝y　②30÷6＝5　5

4 ①x×7＝y　②84　③25

5 ①x×6＋100＝y
②2140円

6 ①㋒　②㋐

[アドバイス] **4** ②12×7＝84
③x（エックス）×7＝175，x＝175÷7＝25

5 ②は，①の式のxに340をあてはめて求めます。340×6＋100＝2140

6 ㋑の場面を式に表すと，x÷50＝y（ワイ）

3 分数のかけ算①　9~10ページ

1 それぞれ順に
①2，6　②1，3
③4，4　④1，5
⑤1，2　⑥5，5
⑦3，3　⑧3，9
⑨35　⑩3，12，2，2
⑪2，10　⑫4，4

2 ㋒

3 ①$\frac{4}{5}$　②$\frac{45}{4}\left(11\frac{1}{4}\right)$　③$\frac{3}{10}$
④$\frac{2}{3}$　⑤$\frac{1}{14}$　⑥$\frac{2}{15}$
⑦$\frac{2}{25}$　⑧$\frac{2}{15}$　⑨$\frac{13}{20}$
⑩4

[アドバイス] 分数に分数をかける計算は，分母どうし，分子どうしをかけます。

帯分数は仮分数になおして，真分数のかけ算と同じように計算します。

3 ②$\frac{9}{8}\times10=\frac{9\times\overset{5}{\cancel{10}}}{\underset{4}{\cancel{8}}}=\frac{45}{4}\left(=11\frac{1}{4}\right)$

⑨$\frac{3}{5}\times1\frac{1}{12}=\frac{\overset{1}{\cancel{3}}\times13}{5\times\underset{4}{\cancel{12}}}=\frac{13}{20}$

⑩$2\frac{4}{5}\times1\frac{3}{7}=\frac{\overset{2}{\cancel{14}}\times\overset{2}{\cancel{10}}}{\underset{1}{\cancel{5}}\times\underset{1}{\cancel{7}}}=4$

4 分数のかけ算② 11~12ページ

[1] それぞれ順に

①3，9　②2，2，16

[2] それぞれ順に

①1，1，2　②2，8，23　③2，6

[3] ①$\frac{1}{60}$　②$\frac{15}{56}$　③$\frac{3}{70}$

④$\frac{27}{56}$　⑤$\frac{1}{9}$　⑥$\frac{2}{9}$

⑦$\frac{1}{9}$　⑧$\frac{5}{4}\left(1\frac{1}{4}\right)$

[4] ①$\frac{4}{5}$　②29　③2　④12　⑤$\frac{2}{3}$

アドバイス

[4] ②$24\times\left(\frac{5}{6}+\frac{3}{8}\right)=24\times\frac{5}{6}+24\times\frac{3}{8}$

$=20+9=29$

④$\frac{4}{5}\times6+\frac{4}{5}\times9=\frac{4}{5}\times(6+9)=\frac{4}{5}\times15$

$=12$

⑤$\frac{2}{3}\times1\frac{5}{7}-\frac{2}{3}\times\frac{5}{7}=\frac{2}{3}\times\left(1\frac{5}{7}-\frac{5}{7}\right)$

$=\frac{2}{3}\times1=\frac{2}{3}$

5 分数のわり算 13~14ページ

[1] それぞれ順に

①2，6　②2，8　③5，10

④1，7　⑤2，22　⑥2，2

⑦5，35　⑧35

[2] ①$\frac{1}{12}$　②$\frac{4}{27}$　③$\frac{4}{5}$

④$\frac{10}{33}$　⑤$\frac{28}{3}\left(9\frac{1}{3}\right)$　⑥$\frac{3}{8}$

⑦$\frac{8}{9}$　⑧$\frac{2}{5}$　⑨$\frac{5}{8}$

⑩$\frac{15}{8}\left(1\frac{7}{8}\right)$　⑪$\frac{6}{5}\left(1\frac{1}{5}\right)$　⑫$\frac{1}{2}$

アドバイス

[2] ⑫$\frac{4}{7}\div1\frac{3}{5}\div\frac{5}{7}=\frac{4}{7}\div\frac{8}{5}\div\frac{5}{7}$

$=\frac{4}{7}\times\frac{5}{8}\times\frac{7}{5}=\frac{1}{2}$

6 分数のかけ算・わり算 15~16ページ

[1] それぞれ順に

①7，7，7　②9，9，9

③10，10，10，10

④1，3，3　⑤5，3，15

⑥4，10，40

[2] ①$\frac{2}{15}$　②$\frac{3}{20}$　③$\frac{2}{3}$

④$\frac{18}{25}$　⑤$\frac{1}{5}$　⑥$\frac{4}{7}$

⑦$\frac{5}{4}\left(1\frac{1}{4}\right)$　⑧$\frac{10}{3}\left(3\frac{1}{3}\right)$　⑨$\frac{3}{4}$

⑩$\frac{9}{4}\left(2\frac{1}{4}\right)$　⑪$\frac{1}{2}$　⑫$\frac{5}{3}\left(1\frac{2}{3}\right)$

⑬$\frac{8}{3}\left(2\frac{2}{3}\right)$　⑭$\frac{4}{81}$

アドバイス

[2] ⑨$\frac{5}{7}\times0.7\div\frac{2}{3}=\frac{\overset{1}{\cancel{5}}\times\overset{1}{\cancel{7}}\times3}{\underset{1}{\cancel{7}}\times\underset{2}{\cancel{10}}\times2}=\frac{3}{4}$

7 分数の文章題 17~18ページ

[1] $\frac{4}{9}\times\frac{3}{5}=\frac{4}{15}$　　$\frac{4}{15}$kg

[2] $\frac{5}{8}\div\frac{3}{4}=\frac{5}{6}$　　$\frac{5}{6}$kg

[3] ①$\frac{5}{9}\div\frac{2}{3}=\frac{5}{6}$　　$\frac{5}{6}$倍

②$\frac{2}{3}$，$\frac{2}{3}\div\frac{2}{5}=\frac{5}{3}$　　$\frac{5}{3}$m$\left(1\frac{2}{3}\text{m}\right)$

[4] $\frac{8}{9}\times12=\frac{32}{3}$　　$\frac{32}{3}$kg$\left(10\frac{2}{3}\text{kg}\right)$

[5] $2\frac{2}{3}\times1\frac{1}{5}=\frac{16}{5}$　　$\frac{16}{5}\text{m}^2\left(3\frac{1}{5}\text{m}^2\right)$

[6] $1\frac{1}{3}\div\frac{4}{5}=\frac{5}{3}$　　$\frac{5}{3}\text{m}^2\left(1\frac{2}{3}\text{m}^2\right)$

[7] $300\times\frac{5}{6}=250$　　250m

[8] 庭の広さをx m²とすると，

$x\times\frac{4}{9}=8$　$x=8\div\frac{4}{9}=18$　　18m²

アドバイス [5] 長方形の面積＝縦（たて）×横

[7] 300mを1とみて考える。

8 比 19~20ページ

[1] ①3，5，$\frac{3}{5}$　②30，18，$\frac{30}{18}$，$\frac{5}{3}$

[2] ①4　②15，5　③12，6

[3] 15，x，4，5，20　20cm

[4] 5，8，5，10，50　50枚

[5] ①$\frac{2}{3}$　②$\frac{3}{2}$

[6] ①4：7　②9：1　③2：3

[7] ①39　②5　③5　④3

[8] 青いテープの長さを$x$cmとすると，

4：5＝x：45

x＝4×9＝36　36cm

[9] 牛乳をxmLとすると，

2＋7＝9，7：9＝x：180

x＝7×20＝140　140mL

アドバイス　[8]，[9]は，次の式でも正解です。

[8] $45\times\frac{4}{5}=36$

[9] $180\times\frac{7}{9}=140$

9 拡大図と縮図 21~22ページ

[1] 拡大図，縮図

[2] ①1.5倍$\left(\frac{3}{2}倍\right)$　②4.5cm　③角E

[3] ①$\frac{1}{400}$

②約8.4m（約8m，約8.8mでもよい。）

[4] ①$\frac{1}{3}$　②1.5cm　③2cm

[5] ①

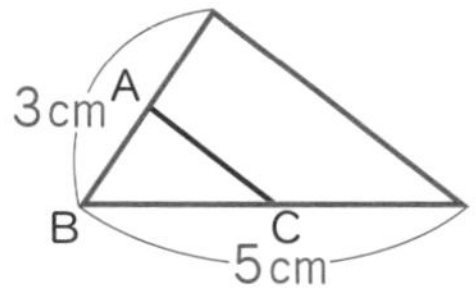

※①，②ともに，図は実際の長さとは異なります。

②

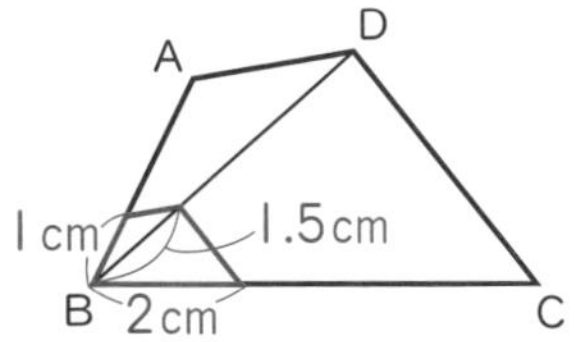

[6]

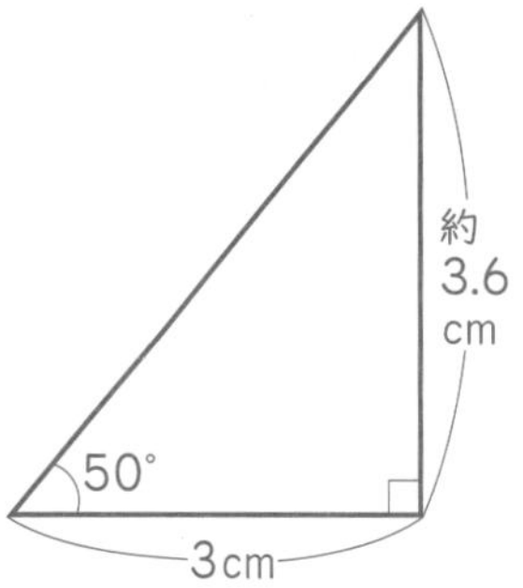

約18m
（約17.5m
～約18.5m
のはんいであれば正解。）

アドバイス　[6] 縮図を正確にかきましょう。
実際の長さは，3.6×500＝1800（cm）
1800cm＝18mです。

10 円の面積 23~24ページ

[1] ①2×2×3.14＝12.56　12.56cm²

②16÷2＝8

8×8×3.14＝200.96　200.96cm²

[2] 4×4×3.14÷2＝25.12　25.12cm²

[3] 12×12－6×6×3.14

＝144－113.04＝30.96　30.96cm²

[4] ①円㋐　5×5×3.14＝78.5　78.5cm²

円㋑　10×10×3.14＝314　314cm²

②314÷78.5＝4　4倍

または，2×2＝4

[5] 8×8×3.14÷4＝50.24　50.24cm²

[6] ①6×6×3.14÷2＝56.52

6÷2＝3　3×3×3.14÷2＝14.13

56.52－14.13＝42.39　42.39cm²

②10×10×3.14÷4＝78.5

10×10÷2＝50

78.5－50＝28.5　28.5cm²

アドバイス　円の面積＝半径×半径×円周率 の公式は，しっかり覚えておきましょう。

[6] ①半径6cmの半円の面積から，半径3cmの半円の面積をひいて求めます。

②半径10cmの円の$\frac{1}{4}$の面積から，底辺が10cm，高さ10cmの直角三角形の面積をひきます。

Ⅱ 角柱・円柱の体積 25~26 ページ

1 (12×5÷2)×7=210 　　210cm³

2 (5×5×3.14)×6=471 　　471cm³

3 (10×4+6×6)×5=380 　　380cm³

4 ①25×8=200 　　200cm³

②(9×12÷2)×7=378 　　378cm³

③12÷2=6

(6×6×3.14)×18=2034.72

2034.72cm³

④(4×4×3.14÷2)×15=376.8

376.8cm³

⑤(8+12)×6÷2=60

60×15=900 　　900cm³

❷アドバイス 　**4** 角柱や円柱では，平行で合同な2つの面が底面です。底面が見つかれば，底面に垂直な辺の長さが高さとわかります。

①25cm²の四角形が底面で，高さが8cmの四角柱です。

②底面が直角三角形で，高さが7cmの三角柱です。

④円柱の体積の半分と考えて，

(4×4×3.14)×15÷2=376.8

と求めても正解です。

⑤底面が台形で，高さが15cmの四角柱です。

Ⅻ およその大きさ 27~28 ページ

1 ①10+0.5×26=23 　　約23m²

②(3+8)×4÷2=22 　　約22m²

2 10×20×30=6000 　　約6000cm³

3 ①18×18=324 　　約324cm²

②20÷2=10

10×10×3.14=314 　　約314cm²

4 (10×9÷2)×3=135 　　約135cm³

5 (10×10×3.14)×15=4710

約4710cm³

❷アドバイス 　**4**は三角柱，**5**は円柱とみます。

ⅩⅢ 比例 29~30 ページ

1 ①左から順に，

8，12，16，20，24

②比例する。

③$y=4×x$

④右の図

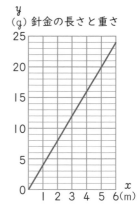

(g) 針金の長さと重さ

2 ①90÷15=6

6×35=210 　　210g

または，35÷15=$\frac{7}{3}$

90×$\frac{7}{3}$=210

②90÷15=6

240÷6=40 　　40個

または，240÷90=$\frac{8}{3}$

15×$\frac{8}{3}$=40

3 ①480÷8=60

60×12=720 　　720枚

または，12÷8=$\frac{3}{2}$　480×$\frac{3}{2}$=720

②480÷8=60

1500÷60=25 　　25分

または，1500÷480=$\frac{25}{8}$　8×$\frac{25}{8}$=25

4 ①100m　②200m　③600m

❷アドバイス 　**4** ②5分後，あいさんは500m，妹は300m進んだ地点にいます。

③5分後にあいさんと妹は200mはなれているので，5分の3倍の15分後には，

200×3=600(m) はなれています。

14 反比例

1 ①左から順に
   6, 4, 3, 2.4, 2, 1
②反比例する。
③$y=12÷x$
   $(x×y=12)$
④1.5
⑤右の図

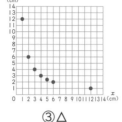

2 ①○ ②× ③△
   ④○ ⑤× ⑥△

3 ①△ ②○ ③×

4 ア

●アドバイス **2** xとyの関係を式に表すと，次のようになります。
   ①$y=35×x$ ②$y=10-x$
   ③$y=20÷x$ ④$y=x×3$
   ⑤$y=5+x$ ⑥$y=8÷x$

15 資料の整理①

1 ①1組…20.8分   2組…20.5分

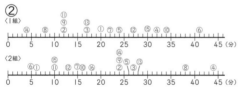

③1組…12分   2組…24分
④1組…20分   2組…21分

2 ①長い記録…44m   短い記録…21m
②31.5m
③

ソフトボール投げ（男子）

きょり(m)	人数(人)
20以上～25未満	5
25　～30	6
30　～35	12
35　～40	5
40　～45	4
合計	32

④11人   ⑤9人

●アドバイス **1** ①通学時間の平均値は，通学時間の合計÷人数 で求めます。
　④2組は16人なので，中央にある2つの値の平均値を求め，$(18+24)÷2=21$(分)

2 ②$32÷2=16$　短い方から16番目の記録は31m，17番目の記録は32mです。
　$(31+32)÷2=31.5$(m)

16 資料の整理②

1 ①40kg以上45kg未満
②

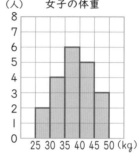

女子の体重

③4人
④35kg以上40kg未満
⑤30kg以上35kg未満
⑥40%

2 ①50才以上54才以下
②増えている。   ③あ○　い△

●アドバイス **1** ①40kg以上…40kgをふくみます。
40kg未満…40kgはふくみません。
　⑤25kg以上30kg未満の人が2人です。次の3番めの人から，$2+4=6$(番め)の人までが，30kg以上35kg未満の階級に入ります。
　⑥人数…$5+3=8$(人)
　割合…$8÷20=0.4→40%$

2 ③あ80才以上のそれぞれの階級の割合が，男性よりも女性の方が大きいので，人数も多いです。　いどちらも約2％ですが，それぞれの年の総人口が示されていないので，人数はわかりません。

1 ①

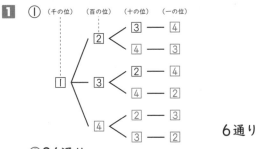

6通り

②24通り

2 ①右の図

②8通り

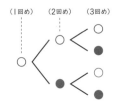

3 ①右の表

②6通り

	A	B	C	D
A		○	○	○
B			○	○
C				○
D				

4 6通り

5 12通り

6 8通り

7 15回

8 10通り

アドバイス **1** ②千の位を①にするときと同じように考えるので，6（通り）×4で求められます。

2 ②1回めが裏のときも表のときと同じように考えるので，4（通り）×2で求められます。

4～**8**では，図や表に表して，落ちや重なりがないように調べましょう。

4 アを赤としたときの図は，右のようになります。アを青，黄にしたときも同じように考えると，全部で，
2（通り）×3で求められます。

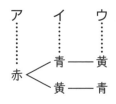

5 十の位が6のとき，右の図のように，67, 68, 69の3通りできます。

同じように考えると，

十の位が7のときは，76, 78, 79の3通り。

十の位が8のときは，86, 87, 89の3通り。

十の位が9のときは，96, 97, 98の3通り。

全部で，3（通り）×4です。

6 下の図より，8通り。

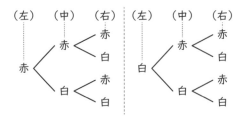

7 表にかくとよいです。

	A	B	C	D	E	F
A		○	○	○	○	○
B			○	○	○	○
C				○	○	○
D					○	○
E						○
F						

8 5つから3つ選ぶと，2つ残ります。残りの2つを選ぶと考えると簡単です。

残りの2つの選び方は，下の表より10通り。

	国	算	社	理	体
国		○	○	○	○
算			○	○	○
社				○	○
理					○
体					

国語

1 まちがえやすい漢字① 39〜40ページ

[1] ①㋐貴　㋑遺　②㋐尺　㋑訳
③㋐寸　㋑射　④㋐亡　㋑忘

[2] ①激・派　②刻・割　③詞・認

[3] ①揮・探・操　②模・枚・机
③脳・胸・腹　④著・蒸・蔵

[4] ①貸×・賃　②券×・巻
③炭×・灰

アドバイス

[2] 同じ部分は、いずれも漢字の部首です。それぞれ①は「氵(さんずい)」、②は「刂(りっとう)」、③は「言(ごんべん)」です。

[3] ①「扌(てへん)」のつく漢字には、ほかに「批・招・拝」などがあります。

③「月(にくづき)」がつく漢字は、体に関係のある漢字です。ほかに「肺・脈・腸」などがあります。

①〜④は、①「指揮・探検・体操」②「模型・枚数・勉強机」③「頭脳・胸囲・空腹」④「著者・蒸気・冷蔵庫」の熟語ができます。

[4] ①「貸」は、小学校では訓読みの「か(す)」を学習します。

②「券」は「ケン」という音読みの漢字で、「定期券」「券売機」などと使います。

③「炭」は、音読みが「タン」、訓読みが「すみ」という漢字です。

2 まちがえやすい漢字② 41〜42ページ

[1] ①㋐供える　㋑備える
②㋐修める　㋑収める

[2] ①潮　②片　③並

[3] ①㋐沿　㋑延　②㋐鉱　㋑鋼

[4] ①㋐厳　㋑源　②㋐肺　㋑俳
③㋐諸　㋑処　④㋐乱　㋑覧

[5] ①障・しょうがいぶつ
②庁・きしょうちょう
③閣・てんしゅかく

アドバイス

[1] ①㋐「供える」は「神や仏などの前に物をささげる」という意味。㋑「備える」は、おもに「あらかじめ準備をしておく」という意味です。

②㋐「修める」は、「学問を自分のものにする」という意味。㋑「収める」にはいろいろな意味がありますが、「利益を収める」は「お金などを自分のものにする」の意味です。

[2] ①「潮」は「海水の満ち引き」「海水」を表す言葉です。

[3] ①は「エン」、②は「コウ」という同音異字の使い分けです。①の「演」は「演技・実演」、②の「構」は「構成・構内」などのように使います。訓読みは、「かま(える)・かま(う)」です。

3 熟語の成り立ち① 43〜44ページ

[1] ①ウ　②ア　③イ　④エ

[2] ①(改)革　②宣(伝)　③存(在)
④(正)誤　⑤紅(白)　⑥縦(横)

[3] ①やまのいただき　②みじかいはり
③かおをあらう　④ゆきをのぞく

[4] ①未・みじゅく　②不・ふじゅん
③無・むし

[5] ①㋐退　㋑行　②㋐得　㋑失

アドバイス

[1] エ「就職・開幕・納税」は、それぞれ「職につ(就)く・幕を開ける・税を納める」と言いかえてみると、上の漢字が動作、下の漢字が「――を」「――に」にあたることがわかります。

[2] ①「改・革」は、どちらも「あらためる」、③「存・在」は、どちらも「ある・いる」の意味です。

[3] ①・②が、[例]の「大木」と同じ成り立ちで、「上の漢字が下の漢字を修飾する関係にあるもの。」です。③・④が、「消火」と同じ成り立ちで、下の漢字(顔・雪)が「――を」にあたります。

5 類義語　47〜48ページ

1
①無事　②同意　③同意
④願望　⑤発展　⑥想像

2
①関心　②興味・関心〈順不同〉
②役目・任務〈順不同〉
③簡単・容易〈順不同〉

3
①(ア)安　(イ)平等
②(ア)不　(イ)簡単・容易

4
①(ア)推測　(イ)応答
③結末　②改善
②改良　①結果
③(ア)苦労　(イ)改善　(ウ)結果

アドバイス

読み方や同音異義語に注意しましょう。

①「異」という意味がある「〜」と、「〜」のような性質や状態を意味する「化」が合わさる「〜化」などがあります。「〜的」は、名詞について、その性質や状態を意味する「〜のような性質・状態」を理解しましょう。

②「〜化」・「〜的」などの使い方がよいかを、次の漢字について、それぞれ意味を考えて選びましょう。

「準・洋・勝」などの漢字の使い方を考えて、次の「〜」を選びましょう。買う・「洋」は「準」「洋」「勝」のうち、「評判・勝つ・洋洋」などの意味を考えて選びましょう。

---

4 熟語の成り立ち②　45〜46ページ

1
①(ア)木　(イ)大
②低下・洋・準〈順不同〉
③危険性　②書
④利己的

2
①誠意・誠意・五人　④洋
②経済的　③名
③簡略化
④危険性　⑤意

3
①体操化・低
②手　④利己的

4
①高層建築・誠意・五人〈順不同〉
②縦　③臨
②ア　ウ

アドバイス

---

6 文とことば　49〜50ページ

1
①オ　②カ　③ク
④イ　⑤ウ　⑥エ・ウ〈順不同〉

2
②(ア)だから　(イ)だから
③(ア)だから　(イ)だから
(ア)だから　(イ)だから

3
①(ア)だから　(イ)だから
②(ア)だから　(イ)だから
(ア)だから　(イ)だから

4
①ウ　②ア
(ア)赤い屋根が見える家だ。
(イ)駅のこの辺りだったかしら。
(ウ)ジュースを飲んだ。
(エ)正面だ。緑も多い。

アドバイス

1
①「〜」という対象を見ることですが、立てる理由・原因について後に「それで」を付け加えます。「だから」は原因・理由を表す言葉です。
②「〜」は前の話題をそのまま「もっと」で使う言葉です。前に注目して、「と」「から」「のに」「も」の言葉を選びます。

2
①類義語は、意味が似ている言葉です。「興味・関心」は、「将来に望み」という意味をもつ「有望」は安全を守る「保護」という意味の言葉です。②

1 ①イ ②ア ③イ ④ウ

2 ①行きます ②来られる ③お話しになる ④お見せする

3 ①いらっしゃる ②申しあげる ③めしあがる ④拝見する

4 ①お ②ご ③ご

5 イ

● アドバイス

1 ①「立たれた」には、尊敬の意味を表す「れる」が使われています。

②「終わります」には、ていねいの意味を表す「ます」が使われています。

③「なさる」は、「する」の意味を表す特別な言葉を使った尊敬語です。

④「うかがう」は、「聞く」の意味を表す特別な言葉を使ったけんじょう語です。

2 ①「です」には、「ます」と同じくていねいの意味がありますが、動作を表す言葉につけるときは「ます」です。

②「れる」「られる」は、どちらも尊敬の意味を表す言葉ですが、「来る」には「られる」がつきます。

③「おーになる」は尊敬語「おーする」はけんじょう語の表現です。この文では先生の動作に用いる敬語表現なので、尊敬語「おーになる」を使うのが適切です。

④先生に対して、自分が行う動作についての敬語表現なので、けんじょう語の「おーする」を使うのが適切です。

4 ①「はがき」のような日本固有の言葉（和語）には、「お」を使います。

②・③「案内」「出席」のような漢字の音を使った言葉（漢語）には、ふつう「ご」を使います。

5 ア「参りました」はけんじょう語なので、先生の動作には使いません。

ウ「お作りになった」は尊敬語なので、自分の身内である「母」には使いません。

エ「うかがいました」はけんじょう語なので、「いらっしゃいました」などの尊敬語にするのが正しい使い方です。

1 ①オ ②エ ③イ ④ア ⑤カ ⑥ウ

2 ①例 工場のあと地には、公園ができるそうです。

②例 工場のあと地には、公園が（は）できません。

③例 工場のあと地には、公園ができるのですか。

3 ①イ ②ア ③ウ

4 ①（妹が）通りかかった人に道をたずねられた。

②（先生が）図書委員に本の整理をさせる。（図書委員に本を整理させる。）

● アドバイス

2 ①「できるそうです」の部分は、「できるということです」という言い方もできます。

1 ①休んだ・ア ②プラモデルです・ウ ③あります・エ ④広い・イ

2 ①大きい 声を

②大きく 声を 出す。

③心配そうに 顔を のぞかせる。

④心配そうな 顔を

3 ①㋐弟が ㋑買った ㋒おもちゃが ㋓こわれた

②㋐友達が ㋑書いた ㋒私は ㋓読んだ

③㋐もぐらが ㋑ほった ㋒あれは ㋓穴です

4 父がオムレツを作った。そのオムレツはとてもおいしい。

● アドバイス

1 文型は、述語に注目して考えましょう。①の「休んだ」は「休む」②の「プラモデルです」は「プラモデルだ」③の「あります」は「ある」に言いかえると考えやすくなります。

10 物語の読み取り① 57〜58ページ

[1] ①なめとこ山あたりの熊・小十郎を(が)すきなのだ　②イ
③まるで火のついたまりのようになって
④[例]小十郎が（熊たちに）鉄砲をかまえること。

[2] ①[例](あの夏に目をつけておいた) 大きな熊が、両足で立ってこっちへかかってきたことに気がついたから。
②あらし　③[例]熊におそわれてしまった(こと)。
④（大きな）熊　⑤青い星のような光

アドバイス

[1] ①「その」は、直前の内容を指しています。「証拠」の具体的な内容は、――線㋐に続く部分からわかります。「だまって高いとこから見送っているのだ」などから、熊たちに、小十郎をおそおうという気持ちはないことが判断できます。
④「……（熊たちを）鉄砲でうとうとすること。」という内容でもよいでしょう。

[2] ②場面の様子から考えましょう。小十郎が鉄砲でうった熊が、倒れもしないであらしのようなすごい勢いでかかってきた場面です。
④「殺すつもりはなかった」とあります。この場面で、小十郎を死の危険にさらしたのはだれかを考えましょう。

11 物語の読み取り② 59〜60ページ

[1] ①もう先生にだかれたまま死んでしまいたいような心持ちになってしまいました。
②いやなことだった　③一ふさの西洋ぶどう

[2] ①[例]ねむったために気分がよくなって、今まであったことを忘れてしまったから。
②笑いも何も引っこんでしまいました（。）
③[例]あすはどんなことがあっても学校に来ること。　④イ

アドバイス

[1] ①直後の「ぶるぶると……」とまちがえないように。これは、このときの「ぼく」の様子です。次の文の「心持ち」に注目しましょう。
②この場面の初めで、先生は「ぼく」に、「あなたは自分のしたことをいやなことだったと思っていますか。」とたずねています。この言葉に「ぼく」はたまらなくなり、泣き続けていたのです。

[2] ②ぶどうのふさをつまみ上げたとき、「すぐ悲しいことを思い出して」とあるように、「ぼく」は現実に引きもどされたのです。
④[1]の引用文もあわせて考えましょう。強い口調で責めたりせず、「ぼく」に自分の行動を反省させ、現実からにげずに登校することを約束させるなど、「ぼく」の心を傷つけずに接していることから判断しましょう。

12 説明文の読み取り① 61〜62ページ

[1] ①時計の時間・心の時間
②いつでもどこでも・同じ
③エ
④[例](その時間を)いつ、どこで、どうすごすのかということ。

[2] ①感じている
②人間が考えだした道具のような
③生活
④[例](「時計の時間」とはちがう)「心の時間」を、それぞれもっているのだと考えること。

アドバイス

[1] ①五つ目の段落の初めの文で『時計の時間』が……対して、……」と比べて述べていることをつかみましょう。
②一つ目と五つ目の段落で、くり返し述べています。
④最終段落に注目。「……によって、早く進んだりおそく進んだりする」とあります。

[2] ③――線㋑の「その」は、すぐ前の段落で説明している「時計の時間」のことです。
④最後の段落から考えましょう。筆者は、「時計の時間」はもちろんのこと、それぞれ異なる感じ方をする「心の時間」も大切だと述べています。

13 説明文の読み取り② 63〜64ページ

[1] ①㋐種まきにいい日。
㋑台風が来るから用心せよという日。
②㋐入梅　㋑半夏生
③[例]（アメリカの暦は）季節に関した日はないようだ。
④（日本人は）季節の変化を非常におおきく受けて生活している民族だ

[2] ①アメリカ（欧米）・季節
②一日の中での時間の変化。
③季節に対する高い配慮　④秋

アドバイス

[1] ②㋐「五月雨」は、昔の暦の五月ごろ（今の六月ごろ）に降り続く長雨のことで、「梅雨」ともいいます。
③文末を「……日はない。」としないように。筆者は、「……日はないようですね」と不確かな言い方をしていることに注意しましょう。
④最終段落の内容です。

[2] ①——線の直後からわかります。具体的にはアメリカの学校の教科書を例にとっていますが、この例をもとにして「欧米（ヨーロッパとアメリカ）」の季節に対する見方を述べています。
②具体例として「モーニング、イブニング」などの服装を挙げています。
③二つ目の段落で、初めに日本の女性の着物の柄と季節との関係、次に『源氏物語』を例にとって、季節と演奏する音楽の関係を挙げています。そして最終文で「（どちらも）季節に対する……」と述べています。

14 詩の読み取り 65〜66ページ

[1] ①㋐ウ　㋑ア
②希望・夢・幸福〈順不同〉
③ウ

[2] ①名も知らぬ遠き島（より）　②イ
③もとの樹は生ひやしげれる／枝はなほ影をやなせる
④われも
⑤ふるさと

アドバイス

[1] ①進学や進級の時期をむかえ、その支度をしている様子をえがいています。
②作者には、これから始まる新しい生活にあるであろう「希望・夢・幸福」が思いうかんだのです。

[2] ④前半では、やしの実について思うこと、後半では、やしの実と同じようにふるさとを遠くはなれている「われ（自分）」の気持ちがうたわれています。

15 意見文の書き方 67〜68ページ

[1] ①[1]
②[例]多数決で多くの人が賛成していることが正しいと思ってしまうこと。
③イ
④だから、少数の意見にも、もっと耳をかたむける必要があると思う。

[2] ①責任・約束
②[2]
③誠意
④守れないよう・すべきではない（と考えます）

アドバイス

[1] ①[1]の段落の二つ目の文が、「だが、この決め方は、……だろうか。」と、問いかけの形で話題を投げかけています。
②初めの文で、「……問題があると思う。」とはっきり書き表しています。
④文末の書き表し方に注目。[3]の段落の最終文が「……と思う。」になっています。

[2] ②[2]の段落の初めが「例えば」になっています。この言葉は、具体例を挙げて述べようとするときに使われます。
③前の文で言っているように、努力したのですから誠意がなかったわけではありません。しかし、約束を守らなかったという事実の前には、誠意があったかどうかは関係がなくなってしまうというのです。

英　語

① 好きなことや得意なこと／スポーツ　69~70ページ

1 省略

2 ① soccer　② basketball
　　③ skating　④ baseball

3 ① イ　② ウ　③ ア　④ エ

4 ① イ　② ア

5 ① baseball　　② basketball

6 soccer

読まれた英文

1 ① I like tennis.
　　② I'm good at swimming.

2 ① soccer　② basketball
　　③ skating　④ baseball

3 ① I like tennis.（わたしはテニスが好きです。）
　　② I like baseball.（わたしは野球が好きです。）
　　③ I like swimming.（わたしは水泳が好きです。）
　　④ I like basketball.（わたしはバスケットボールが好きです。）

アドバイス　**4**　英文の意味は次の通り。
①ア「わたしはテニスが好きです。」イ「わたしはサッカーが好きです。」
②ア「わたしはスケートが得意です。」イ「わたしは水泳が得意です。」
6　「あなたは～が得意ですか」とたずねるときは，Are you good at ～? と言います。

② 何時に起きるの？／1日の行動　71~72ページ

1 省略

2 ① take　② go　③ watch　④ have

3 ① イ　② ア　③ ア

4
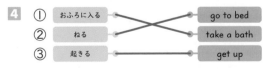

① おふろに入る	go to bed
② ねる	take a bath
③ 起きる	get up

5 ① go to　② take　③ watch

読まれた英文

1 ① What time do you get up?
　　② I usually get up at 6:00.

2 ① take a bath　② go to school
　　③ watch TV　④ have breakfast

3 ①ア I go to bed at 9:00.（わたしは9時にねます。）イ I watch TV at 9:00.（わたしは9時にテレビを見ます。）　②ア I have breakfast at 7:00.（わたしは7時に朝食を食べます。）イ I take a bath at 7:00.（わたしは7時におふろに入ります。）　③ア I go to school at 8:00.（わたしは8時に学校へ行きます。）イ I get up at 8:00.（わたしは8時に起きます。）

アドバイス　**1**　①What time do you ～?は「何時に～しますか」という意味です。
3　①「テレビを見る」は watch TV，②「朝食を食べる」は have breakfast，③「学校へ行く」は go to school と言います。

③ どこへ行きたい？／国の名前　73~74ページ

1 省略

2 ① France　② Egypt　③ America
　　④ Italy

3 ① エ　② イ　③ ウ　④ ア

4 ① イ　② ア

5 ① Japan　② China

6 Italy

読まれた英文

1 ① Where do you want to go?
　　② I want to go to Australia.

2 ① France　② Egypt
　　③ America　④ Italy

3 ① I want to go to France.（わたしはフランスへ行きたいです。）　② I want to go to Australia.（わたしはオーストラリアへ行きたいです。）　③ I want to go to Japan.（わたしは日本へ行きたいです。）　④ I want to go to China.（わたしは中国へ行きたいです。）

ⓘ**アドバイス** 4 質問の英文は,「あなたはどこへ行きたいですか。」という意味です。①ア「わたしはフランスへ行きたいです。」イ「わたしはエジプトへ行きたいです。」②ア「わたしはアメリカへ行きたいです。」イ「わたしはオーストラリアへ行きたいです。」

④ **おすすめの国を紹介しよう／できること** 75~76ページ

1 省略

2 ① pizza ② koalas ③ T-shirts
④ cake

3 ① ウ ② ア ③ イ

4 ①【国】ア 【できること】ア
②【国】イ 【できること】ア

5 see koalas

読まれた英文

1 ① Let's go to China.
② You can see pandas.

2 ① eat pizza ② see koalas
③ buy T-shirts ④ eat cake

3 ① Let's go to Australia. You can see koalas.（オーストラリアへ行きましょう。コアラを見ることができます。） ② Let's go to Italy. You can eat pizza.（イタリアへ行きましょう。ピザを食べることができます。） ③ Let's go to America. You can eat hamburgers.（アメリカへ行きましょう。ハンバーガーを食べることができます。）

ⓘ**アドバイス** 4 英文の意味は次の通りです。①「フランスへ行きましょう。ケーキを食べることができます。」②「中国へ行きましょう。パンダを見ることができます。」

5 「見る」は see を使います。

⑤ **休みの思い出を話そう①／楽しんだこと** 77~78ページ

1 省略

2 ① fishing ② shopping

③ reading ④ hiking

3 ① イ ② ア ③ イ

4 ① ア ② イ

5 ① How was your vacation?
② I enjoyed fishing.
③ I enjoyed cooking.

読まれた英文

1 ① How was your vacation?
② I enjoyed camping. It was fun.

2 ① fishing ② shopping
③ reading ④ hiking

3 ① I enjoyed hiking.（わたしはハイキングを楽しみました。） ② I enjoyed cooking.（わたしは料理を楽しみました。） ③ I enjoyed shopping.（わたしは買い物を楽しみました。）

ⓘ**アドバイス** 1 ②「楽しかった」などのように,感想を伝えるときは It was ~.を使います。

3 ①「読書」は reading,②「キャンプ」は camping,③「魚つり」は fishing です。

4 英文の意味は次の通りです。①ア「わたしはキャンプを楽しみました。」イ「わたしは買い物を楽しみました。」②ア「わたしはハイキングを楽しみました。」イ「わたしは読書を楽しみました。」

⑥ **休みの思い出を話そう②／したこと** 79~80ページ

1 省略

2 ① sea ② ice cream ③ lake
④ curry and rice

3 ① イ ② ア ③ ア

4 ① すいかを食べた。 — I ate curry and rice.
② 山へ行った。 — I went to the mountains.
③ カレーライスを食べた。 — I ate watermelon.

5 ① I went to the sea.
② I ate an ice cream.

読まれた英文

1 ① I went to the mountains.

129

② I ate watermelon.

2 ① went to the sea ② ate an ice cream
   ③ went to the lake
   ④ ate curry and rice

3 ① I went to the lake. （わたしは湖へ行き
   ました。） ② I went to the sea. （わたしは海
   へ行きました。） ③ I ate an ice cream. （わ
   たしはアイスクリームを食べました。）

アドバイス 3 ①「森」はforest，②
「山」はmountain，③「かき氷」はshaved ice
と言います。

5 休みにしたことを英語で伝えてみましょ
   う。

7 いちばんの思い出は何?／学校行事 81~82 ページ

1 省略

2 ① school ② field ③ swimming
   ④ music

3 ① ア ② イ ③ ア

4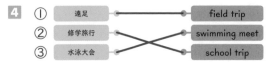

5 ① graduation ceremony
   ② music festival

読まれた英文

1 ① What is your best memory?
   ② My best memory is the sports day.

2 ① school trip ② field trip
   ③ swimming meet
   ④ music festival

3 ①ア music festival （音楽祭） イ school
   trip （修学旅行） ②ア swimming meet （水泳
   大会） イ graduation ceremony （卒業式）
   ③ア sports day （運動会） イ field trip （遠
   足）

アドバイス 2~4 学校行事の言い方を
覚えましょう。

5 いちばん思い出に残っている学校行事を

英語で伝えられるようになりましょう。思い
出の学校行事をたずねるときは，What is
your best memory? と言います。

8 どの部活に入りたい?／部活 83~84 ページ

1 省略

2 ① cooking ② newspaper
   ③ softball ④ badminton

3 ① ウ ② エ ③ ア ④ イ

4 ① イ ② ア

5 ① volleyball team
   ② newspaper club

読まれた英文

1 ① What club do you want to join?
   ② I want to join the art club.

2 ① cooking club ② newspaper club
   ③ softball team ④ badminton team

3 ① I want to join the softball team. （わ
   たしはソフトボール部に入りたいです。） ② I want
   to join the newspaper club. （わたしは新聞部
   に入りたいです。） ③ I want to join the art
   club. （わたしは美術部に入りたいです。） ④ I
   want to join the volleyball team. （わたしは
   バレーボール部に入りたいです。）

アドバイス 2・3 文化系の部活には
clubを，スポーツ系の部活にはteamをふつ
う使います。

4 質問の英文は，「あなたは何部に入りた
いですか。」という意味です。①ア「わたし
はソフトボール部に入りたいです。」イ「わ
たしはバドミントン部に入りたいです。」②
ア「わたしは料理部に入りたいです。」イ
「わたしは美術部に入りたいです。」

5 入りたい部活を英語で伝えられるように
なりましょう。

社会

1 日本国憲法 85~86ページ

[1] ①[あ]国民 [い]基本的人権 ②イ

[2] ①[あ]イ [い]エ [う]オ
②㋐象徴(しるし) ㋑政治 ③イ

[3] ①[例](人が)生まれながらにしてもっている権利。
②[あ]イ [い]エ [う]コ [え]ア
③オ，カ，ク〈順不同〉

[4] ①㋐武力(戦争) ㋑戦力
②被爆国
③(核兵器を)もたない，つくらない，もちこませない

[アドバイス] [1] ①[い]基本的人権は，だれもが生まれながらにもっている，人間らしく生きるための権利です。②日本国憲法の条文には，外国との争いごとを武力で解決しない，そのための戦力をもたないと，書かれています。

[2] ①国民は主に自分たちの代表者(国会議員)を選ぶことによって，国の政治を動かしています。②天皇は，内閣の助言と承認にもとづいて，憲法に定められた仕事を行います。これはすべて形式的・儀礼的なもので，天皇は政治についての権限をもっていません。

[3] ①憲法は，基本的人権の尊重を原則の一つにかかげ，国民にさまざまな権利を保障しています。②[あ]選挙で投票する権利も，選挙に立候補する権利も政治に参加する権利です。ケの健康で文化的な生活を営む権利は，生存権といわれるものです。③仕事について働くことは，権利であり義務でもあります。

[4] ①憲法第9条に書かれています。②世界でただ一つの被爆国である日本は，国際社会の中で平和の大切さや核兵器をなくすことをうったえ続けています。

2 国の政治，身近なくらしと政治 87~88ページ

[1] ①㋐465 ㋑6 ㋒18
②㋐法律 ㋑内閣総理大臣 ㋒予算

[2] ①閣議
②㋐法務省 ㋑外務省

[3] ①エ ②三権分立(権力分立)

[4] ①予算
②(市)議会
③県(都道府県)
④税金

[5] ①災害対策本部
②自衛隊
③㋐復旧 ㋑復興

[アドバイス] [1] ①㋐衆議院議員の人数のほうが，参議院議員の人数より多いことをおさえておきましょう。②㋐法律をつくることができるのは，国会だけです。㋑内閣総理大臣は首相ともよばれ，それぞれの仕事を行う国務大臣を任命します。㋒国会は，国民の生活にかかわる政治を進めるための予算を決めます。

[2] ①閣議での決定は，全員一致で行われます。②防衛省は，自衛隊を管理・運営します。文部科学省は，教育や科学，文化，スポーツなどに関する仕事を行います。財務省は，予算や財政の仕事を行います。経済産業省は，経済や産業に関する仕事を行います。

[3] ①判決の内容に不服がある場合は，3回まで裁判が受けられます。②国会は立法権，内閣は行政権，裁判所は司法権をもっています。

[4] ①市役所は，計画案をつくったり，建設費用(予算)を計算したりします。②市議会は，建設するかどうかを話し合って決定します。

[5] ①災害対策本部は，災害対策基本法にもとづいて設置されます。②大きな災害では，自衛隊による救命・救出などの活動がすぐに行われ，被災した人々にとって大きな支えになります。

3 日本の国の始まり,貴族の世の中 89~90ページ

[1] ①A縄文土器　B弥生土器　②B
③イ→ウ→ア
④㋐邪馬台国　㋑中国

[2] ①大和朝廷(大和政権), 大王
②仁徳天皇陵古墳(大仙古墳), はにわ
③渡来人

[3] ①冠位十二階, 十七条の憲法
②小野妹子　③法隆寺

[4] ①中大兄皇子, 中臣鎌足〈順不同〉
②㋐国　㋑貴族　③律令

[5] ①東大寺, 行基　②藤原道長　③紫式部

[アドバイス] [1] ①Aは, 表面に縄目の文様がつけられているので縄文土器とよばれます。②Bは縄文土器に比べて, うすくてかたい土器です。

[2] ③渡来人は, 建築や土木工事, 焼き物などの進んだ技術を日本にもたらしました。

[3] ③仏教をあつく信仰していた聖徳太子は, 法隆寺などを建てて, 仏教の教えを人々に広めようとしました。

[4] ③律令によって, 天皇を中心とする全国を支配するしくみが整えられました。

[5] ③同じころ, 清少納言は, 『枕草子』という随筆を書きました。

4 武士の政治の始まり, 天下統一 91~92ページ

[1] ①平治の乱　②平清盛　③厳島神社

[2] ①㋐壇ノ浦　㋑源頼朝
②執権　③元, 北条時宗

[3] ①足利義満, 足利義政
②書院造　③世阿弥
④すみ絵(水墨画)

[4] ①種子島　②(フランシスコ・)ザビエル
③ポルトガル

[5] ①長篠の戦い　②鉄砲　③ウ
④豊臣秀吉　⑤検地　⑥イ

[アドバイス] [1] ①平治の乱で, 平清盛が源頼朝の父を破って, 藤原氏にかわって政治を行うようになりました。

[2] ③元の皇帝が日本に対して, 元に従うように要求してきましたが, 執権北条時宗はこの要求を退けたため, 元が2度にわたってせめてきました。

[3] ①足利義満は, 京都の北山に金閣を建てました。②現在の和室のもとになりました。

[4] ①ポルトガル人を乗せた船が種子島(鹿児島県)に流れ着いたときに鉄砲が日本に伝えられました。③スペイン人やポルトガル人は, 南蛮人とよばれました。また, スペインやポルトガルとの貿易は南蛮貿易といいます。

[5] ③キリスト教を禁止して, 宣教師を国外に追放したのは豊臣秀吉です。⑥安土城を本拠地にしたのは織田信長です。

5 江戸幕府の政治,江戸の文化と学問 93~94ページ

[1] ①関ヶ原の戦い　②譜代(大名)
③武家諸法度　④参勤交代, 徳川家光

[2] ①島原・天草一揆, 天草四郎(益田時貞)
②㋐中国(清)　㋑出島

[3] ①(収穫の)半分(ほど)　②五人組

[4] ①ウ　②歌舞伎　③近松門左衛門
④浮世絵

[5] ①蘭学　②㋐杉田玄白　㋑解体新書
③伊能忠敬　④国学
⑤本居宣長, 古事記伝　⑥寺子屋

[アドバイス] [1] ②関ヶ原の戦いのあとに徳川家に従った大名を外様といい, 徳川家の親せきの大名を親藩といいました。

[2] ①キリスト教徒を中心にはげしく抵抗しましたが, 幕府は大軍を送っておさえました。

[4] ④当時の世の中や人々の様子を多色刷りでえがき,大量に刷られて広まりました。

[5] ③伊能忠敬は, 50才をすぎてから江戸で天文学や測量術を学びました。

6 開国と明治維新,日清・日露戦争と日本 95~96ページ

[1] ①ペリー，浦賀
②日米和親条約,日米修好通商条約

[2] ①五箇条の御誓文　②廃藩置県
③富国強兵

[3] ①ウ　②㋐福沢諭吉　㋑学問

[4] ①西南戦争　②㋐国会　㋑自由民権
③㋐板垣退助　㋑大隈重信
④大日本帝国憲法

[5] ①ノルマントン号事件
②㋐領事裁判権(治外法権)
㋑小村寿太郎

[6] ①㋐朝鮮　㋑台湾
②東郷平八郎,与謝野晶子　③朝鮮(韓国)

アドバイス [1] ①ペリーは，日本への航海の途中，琉球(沖縄)にも立ち寄りました。

[3] ①1872年に，新橋(東京)・横浜間に初めて鉄道が開通しました。1874年に大阪・神戸間，1877年に大阪・京都間も開通しました。

[4] ①西郷隆盛らが起こした西南戦争は，徴兵制による政府軍に敗れました。

[5] ②江戸幕府が結んだ不平等条約を改正するまでに50年以上かかりました。

[6] ③植民地とされた朝鮮では，日本の支配に反対する運動がねばり強く続けられました。

7 長く続いた戦争,日本の新しい出発 97~98ページ

[1] ①満州事変　②満州国　③日中戦争

[2] ①第二次世界大戦
②ドイツ，イタリア〈順不同〉
③アメリカ(合衆国)　④イ
⑤㋐空襲　㋑原子爆弾(原爆)　㋒15

[3] ①アメリカ(合衆国)　②国民　③イ

[4] ①サンフランシスコ平和条約
②国際連合(国連)　③エ　④公害
⑤㋐北方領土　㋑アメリカ軍

アドバイス [1] ③中国は，アメリカやイギリスの援助を受けて日本に抵抗を続け，この戦争は1945年まで続きました。

[2] ②1940年，日独伊三国同盟を結びました。③日本は，アメリカ，イギリスに宣戦し，太平洋(アジア・太平洋)戦争が始まりました。④配給制になって，国民は自由にものを買うことができなくなりました。

[3] ③地主の農地が，小作農に安く売られ，農家のほとんどが自作農になりました。

[4] ①日本は，1951年にアメリカのサンフランシスコで開かれた講和会議で48か国と平和条約を結びました。③政府が「所得倍増」をスローガンにしたこともあって，人々の生活が向上し，1968年には，国民総生産額がアメリカに次いで世界第2位になりました。

8 日本とつながりの深い国々,国連と環境問題 99~100ページ

[1] ①㋐人口　㋑漢(漢民)　㋒石油
㋓イスラム教　㋔大型機械　㋕大豆
②Aア　Bウ　Cエ　Dイ　③ウ
④イ，エ〈順不同〉

[2] ①ニューヨーク
②[例]世界の平和と安全を守るため。
③[例]感染症を防ぐワクチンの投与。学用品をくばる。など
④日本　⑤青年海外協力隊

[3] ①イ　②温室効果ガス(二酸化炭素)
③持続可能な開発目標(SDGs)
④酸性雨，砂漠化，熱帯雨林(森林)の減少，大気のよごれなどから2つ。

アドバイス [1] ③福岡市と韓国のプサンとの間は200kmほどで，船の定期航路も開かれています。

[2] ③ユニセフは，困難な状況にある子どもたちを守るため，保健・衛生・栄養・教育などの支援を行っています。

[3] ①ツバルは，人口12000人ほどの南太平洋にある小さな島国です。

理科

1 ものの燃え方 101~102ページ

[1] ①A　②C
③(1)消える　(2)消える　(3)空気

[2] ①㋐ちっ素　㋑酸素
②㋑

[3] ①酸素
②ア○　イ△　ウ△

[4] ①Ⓐエ　Ⓑア　②エ

[アドバイス] [1] 空気の入り口が下にあり，出口が上にあると，空気の流れができるので，ろうそくの火は燃え続けます。

[2] ①空気の成分は，体積の割合で，ちっ素が約78%，酸素が約21%です。

[3] ものを燃やすはたらきがある気体は酸素です。

[4] ①燃やしたあとの空気では，燃やす前にはほとんどなかった二酸化炭素が増えるので，石灰水は白くにごります。
②ものが燃えるときには，空気中の酸素の一部が使われます。ろうそくや木などが燃えると，二酸化炭素が発生します。

2 動物の体のつくりとはたらき 103~104ページ

[1] ①イ
②[あ]ウ　[い]イ　[う]エ

[2] ①B　②ウ

[3] ①胃，大腸，消化管
②消化　③消化液

[4] ①心臓…㋒　肺…㋐
②養分　③B，E
④[あ]ウ　[い]ア　[う]イ

[アドバイス] [1] 人は呼吸によって，酸素をとり入れ，二酸化炭素を出しているので，はいた空気は吸う空気より二酸化炭素が多く，酸素が少なくなっています。

[2] ヨウ素液は，でんぷんがあると青むらさき色に変化します。Aはだ液によってでんぷんが別のものに変えられたため，ヨウ素液を加えても色が変わりません。

[3] 口からとり入れた食べ物は，口→食道→胃→小腸→大腸→こう門　と続く消化管を通り，消化液のはたらきによって，体に吸収されやすい養分に変えられます。

[4] ③肺では，空気中の酸素を血液にとり入れ，血液から不要な二酸化炭素を外に出しています。肺から心臓，心臓から体の各部分に送られる血液には酸素が多くふくまれ，体の各部分から心臓，心臓から肺へ送られる血液には二酸化炭素が多くふくまれています。

3 植物の体のつくりとはたらき，生物のくらしと環境① 105~106ページ

[1] 根，水蒸気

[2] ①ヨウ素液　②青むらさき色
③㋑　④ア
⑤たくわえ，成長

[3] ①酸素…ア　二酸化炭素…イ
②酸素…イ　二酸化炭素…ア

[4] ①㋐，㋒　②呼吸

[5] Ⓐウ　Ⓑア　Ⓒイ

[アドバイス] [1] 植物の根からとり入れられた水は，くきを通って体全体に運ばれ，おもに葉から水蒸気となって出ていきます。

[2] ③④葉に日光が当たると，でんぷんができます。㋐と㋒は，日光が当たっていないので，葉にでんぷんがありません。

[3] ②日光が当たらないと，植物は呼吸だけをおこなうので，酸素をとり入れ，二酸化炭素を出します。そのため，下線部で調べたときよりも，酸素が減り，二酸化炭素が増えています。

[4] ①人や動物の呼吸でとり入れられる㋐と，ものが燃えるときに使われる㋒が，酸素を表す矢印です。

5 川や海，湖でも，生物どうしの食べる・食べられるのつながり（食物連鎖）があります。

④ 月と太陽 107~108ページ

1 ①Ⓐ三日月　Ⓒ半月（上弦の月）
　　Ⓔ新月
　　②Ⓓ　　　③ウ

2 ①（月の）光っている側
　　②ア　　　③ウ
　　④例月と太陽の位置関係が変わるから。

3 ①三日月　　②新月
　　③|　　　　④|

4 ①イ　　　②クレーター
　　③記号…ウ
　　　理由…例太陽は月の光っている側にあるから。

アドバイス **1** ②明け方，南の空に見え，正午ごろ西にしずむのは，**2**の図のキの位置にある月で，Ⓓの半月（下弦の月）です。
③月は，Ⓔ（新月）→Ⓐ（三日月）→Ⓒ（半月：上弦の月）→Ⓕ（満月）→Ⓓ（半月：下弦の月）→Ⓑ→Ⓔ（新月）と変化します。
2 ①月は太陽の光を反射して光っているので，月の光っている側に太陽があります。
②③地球から見て，月の光っている側がまったく見えないアのときが新月です。ウのときは，地球から見て月の右半分が光って見えます。
④月の形が変わって見えるのは，月と太陽の位置関係が毎日少しずつ変わるためです。
3 ①夕方，西の空に見えるのは，**2**の図のイの位置に月があるときです。
4 ③太陽は月の光っている側にあるので，ウが太陽のしずむ西の方角とわかります。

⑤ 大地のつくりと変化 109~110ページ

1 ①イ　　　②イ
2 ①地層　　②化石
3 （流れる）水，火山

4 ①ア，イ，エ　　②断層
　　③イ，ウ，エ　　④ア，ウ

アドバイス **1** ①はじめに土を流しこんだとき，つぶの大きい砂が先にしずみ，次にどろが積もって，下に砂，上にどろの層ができます。そのあと，もう一度土を流しこむと，最初にできた層の上に，同じように砂，どろの層が重なります。
2 ②大昔の生物の骨や貝がらなどのかたい部分のほか，足あとや巣のあとなども化石になります。
3 水のはたらきでできた地層のれきは，流れる水のはたらきで角がとれて丸みを帯びていますが，火山のはたらきでできた地層のれきは，角ばっています。
4 ②断層は，ある面を境にして土地がずれたものです。

⑥ 水よう液の性質 111~112ページ

1 ①アンモニア水，うすい塩酸
　　②石灰水，食塩水
　　③二酸化炭素

2 ①Ⓐアルカリ，石灰水
　　　Ⓑ中，食塩水
　　　Ⓒ酸，うすい塩酸
　　②Ⓐイ　　　Ⓑウ　　　Ⓒア

3 ①線こうの火が消える。
　　②白くにごる。

4 ①Ⓐア　　　Ⓑア
　　②Ⓐア　　　Ⓑイ
　　③Ⓐイ　　　Ⓑイ
　　④ア

アドバイス **1** ①強いにおいがする水よう液は，アンモニア水とうすい塩酸です。
②石灰水，食塩水は固体がとけていて，水を蒸発させると，あとに白いつぶが残ります。
2 ①酸性の水よう液は青色リトマス紙を赤色に，アルカリ性の水よう液は赤色リトマス

紙を青色に変化させます。

[3] 炭酸水は，二酸化炭素がとけた水よう液です。

[4] ④アルミニウムはくやスチールウール（鉄）をうすい塩酸に入れるとあわを出してとけますが（①），蒸発皿に残ったものにうすい塩酸を加えるとあわを出さずにとけます（③）。このことから，蒸発皿に残ったものは，もとのアルミニウムやスチールウール（鉄）とはちがうものだとわかります。

7 てこのはたらき 113~114ページ

[1] ①てこ
②㋐作用点　㋑支点　㋒力点
③小さくなる。
④小さくなる。
⑤大きくなる。
⑥[あ]，[う]

[2] ①6個　②ウ
③ア（と）ウ
④（支点からの）きょり，または，（支点からの）目もりの数

[3] ①ア，エ
②力点…Ⓐ　支点…Ⓑ　作用点…Ⓒ

[アドバイス] [1] てこでは，㋑の支点から㋐の作用点までのきょりが短いほど，また，支点から㋒の力点までのきょりが長いほど，小さい力でふくろを持ち上げることができ，手ごたえが小さくなります。

[2] ①左のうでをかたむけるはたらきは，30×4＝120　これとつり合わせるには，120÷2=60より，イの位置に6個のおもりをつるします。
②120÷40= 3で，ウの位置につるします。
③ア，ウは左，イは右にかたむきます。
④てこをかたむけるはたらきは，「力の大きさ（おもりの重さ）」×「支点からのきょり」で表すことができます。

[3] アの糸切りばさみと工のピンセットは，支点－力点－作用点の順に，イのペンチと図2のバールは，作用点－支点－力点の順に，ウのせんぬきは，支点－作用点－力点の順になっています。

8 電気の利用，生物のくらしと環境② 115~116ページ

[1] ①反対向きになる。　②止まる。
③ア，ウ　④回る。
⑤発光ダイオード

[2] ①光　②熱　③音

[3] ア

[4] ①水力発電　②火力発電

[5] ①ア○　イ×　ウ×　エ○
②イ

[アドバイス] [1] ②光電池は光が当たっているときだけ発電することができます。
③ハンドルを速く回すと，電流が大きくなって，モーターは速く回ります。光電池に当てる光を強くすると，電流が大きくなって，モーターは速く回ります。
④コンデンサーには，電気をためることができます。
⑤発光ダイオードは豆電球よりも使う電気の量が少なく，長く明かりをつけることができます。

[2] 電気は，光，音，熱，運動などに変えて利用することができます。

[3] イのプログラムでは，人が近づいていれば明るくても，または暗ければ人がいなくても，明かりがつきます。

[5] ①地球温暖化により，気温が上がって異常気象が増えたり，陸地の氷がとけて海水面が高くなり，島や低い土地がしずむおそれが出たりしています。
②燃料電池自動車は，水素を燃料として発電し，その電気を使って走る自動車です。